De vrije moraal

Boris van der Ham

De vrije moraal

Seks, drank en drugs in de Tweede Kamer

2012   Uitgeverij Bert Bakker   Amsterdam

© 2012 Boris van der Ham
Omslagontwerp Studio Ron van Roon
Foto Boris van der Ham op omslag: Sofie Knijff
Zetwerk Mat-Zet bv, Soest
www.uitgeverijbertbakker.nl
ISBN 978 90 351 3893 3

Uitgeverij Bert Bakker is onderdeel van Uitgeverij Prometheus

'Men zou deze stelling volkomen verkeerd begrijpen als men denkt dat het gaat om een onverschillig egoïsme, dat doet alsof mensen met elkaars levenswandel niets te maken hebben, en zij zich niet om het goede gedrag en het welzijn van elkaar moeten bekommeren, zolang hun eigen belang niet op het spel staat. Mensen moeten elkaar helpen om het goede van het kwade te onderscheiden, en elkaar aanmoedigen het eerste te doen en het tweede te laten.'

JOHN STUART MILL, *Over vrijheid*, 1859

Inhoud

Het land van seks en drugs

Het was juli 1992. Ik was achttien jaar en toerde een maand lang met een InterRail-ticket door Europa. De treinreizen waren fascinerend en de bezienswaardigheden in de steden waren prachtig. Het meeste indruk maakten de ontmoetingen met leeftijdsgenoten. Van Kopenhagen tot Boekarest, van Madrid tot Dublin – overal ontbrandden in jeugdherbergen gesprekken over onze achtergrond.

Een van die gesprekken – in Venetië – kan ik me nog goed herinneren. Nog voordat de rugzak was uitgepakt en het stapelbed was ingenomen, was ik al in een discussie verzeild met Franse, Australische, Amerikaanse en Japanse leeftijdsgenoten. We vertelden elkaar over de landen en steden die we hadden bezocht. We probeerden elkaar te overtroeven met onze ervaringen. 'You really have to go to Istanbul! It's awesome!' zei een Canadese jongen. Nog meer competitie was er over de landen waar we zelf vandaan kwamen. 'What's up in your country?'

Ook aan mij werd de vraag gesteld. 'What's up in Holland?' Dat was niet makkelijk. Ik wilde na de zomervakantie mijn propedeuse geschiedenis halen, dus ik noemde wat historische feiten. Iets over godsdienstvrijheid en internationale handel, waar Nederland ooit in vooropliep. Dat kon mijn zaalgenoten niet echt boeien. Meer succes had ik toen ik enkele excentrieke kenmerken van Nederland oplepelde, zoals het gedoogbeleid rond softdrugs en de seksuele vrijheid. 'Holland is a country where much is possible.' 'Like smoking pot!' vulde een Engelsman lachend aan. Mijn zaalgenoten vonden Nederland altijd al een verbazingwekkend landje. Natuurlijk kenden zij ook marihuana, en werd dat bij hen ook stiekem gerookt. En hoewel in Amerika de leeftijdsgrens voor het gebruik van alcohol hoger lag, dronken zij natuurlijk stiekem ook. Ook prostitutie, porno en andere seksuele uitingen waren bekend. Maar dat daar in Nederland zo open over werd gedaan fascineerde hen. Ze zouden Nederland nu zéker bezoeken. 'It's an amazing country, no freaking morals!' riep iemand. Een Australische jongen riep: 'Holland: sex, drugs and rock and roll! Yeah!'

Ik vond het natuurlijk leuk dat ze zo positief waren over Nederland, maar hun reactie voelde ook wat ongemakkelijk. Want de enthousiaste wijze waarop de Nederlandse vrijheid werd omarmd voelde anders dan hoe ik die in Nederland ervoer. Hoezo, 'no morals'? Ze leken te denken dat Nederlanders volkomen losgeslagen leefden, en dat het feit dat we open waren over seks, drank en drugs betekende dat er geen grenzen waren. Dat herkende ik niet uit mijn ervaringen thuis, op school en daarbuiten. Het was tijdens die reizen dat ik me voor het eerst echt realiseerde hoe afwijkend Nederland met kwesties rond seks en drugs omging.

Morele scheurbuik?

Zolang ik politiek bewust ben, heeft het onderwerp vrijheid me altijd gefascineerd. Het was ook de reden waarom ik me in 2002 verkiesbaar stelde voor de Tweede Kamer. Als Tweede Kamerlid voerde ik het woord over onder meer onderwijs, economische zaken, milieu, vrijheid van meningsuiting en het drugsbeleid. Stuk voor stuk hebben die onderwerpen met vrijheid te maken, en roepen ze discussies op over hun grenzen. Hoe vrij is de economie? Welke spelregels zijn nodig, bijvoorbeeld om het milieu te beschermen? Feller zijn de discussies over de grenzen van de vrijheid van meningsuiting. Mag je zomaar alles zeggen?

Dezelfde felheid is er bij debatten over seks, drank en drugs. Want naast het feestelijke imago van Nederland is er ook een andere werkelijkheid: jongeren die in coma raken door alcoholmisbruik, junkies die zwaar verslaafd door de stad lopen, ruilseks tussen tieners of vrouwenhandel in de prostitutie. Wanneer het in de media of in de politiek over deze misstanden gaat, hoor je regelmatig de redenering dat deze misstanden het gevolg zijn van een naïef geloof in vrijheid. Vooral uit de hoek van christelijke partijen wordt het verwijt gemaakt dat er bij dit soort misstanden zou worden weggekeken. Sinds de jaren zestig van de vorige eeuw is Nederland zijn christelijke normen en waarden kwijtgeraakt, en daar was niets voor teruggekomen, stellen ze. De Nederlandse kardinaal Simonis zei het nog bondiger. Hij stelde vast dat Nederland lijdt aan 'morele scheurbuik'. Het medicijn tegen die ziekte was uiteraard in de kerk te krijgen.[1]

Ik heb deze verwijten altijd vreemd gevonden. Een beetje aanmatigend zelfs. Denken ze nou echt dat mensen die andere opvattingen hebben dan zijzelf geen oog hebben voor probleemjongeren, junkies en vrouwenhandel? De meeste Nederlanders leven inderdaad heel anders dan vijftig jaar geleden en zijn niet meer verbonden aan een kerk. Maar Nederlanders blijken over het algemeen goed om te kunnen gaan met de verleidingen van het moderne leven. Dezelfde Nederlanders zijn net zo bezorgd over mensen waarbij het desondanks toch fout gaat. Het verwijt dat onze samenleving immoreel zou zijn slaat dus nergens op.

Aan de andere kant verbaas ik me over de reacties op de rare aantijgingen. Sommigen reageren alsof ze door een wesp gestoken zijn. Ze slaan wild om zich heen. 'Hoepel op met je gemoraliseer!' Vaak worden alleen de schouders opgehaald, en wordt de tegenstander mompelend voor 'conservatief' uitgemaakt. En soms slaat ook vertwijfeling toe. Heeft het 'vrije denken' wel een antwoord op het verkeerde gebruik van vrijheid? Hebben we toch niet een paar 'normen en waarden' nodig, klinkt het dan bijna verontschuldigend. Blijkbaar denken nog heel veel mensen dat 'vrijheid' geen consequenties heeft, en geen begrenzingen. Tijdens een recent debat dat ik zelf als drugswoordvoerder deed over de toekomst van het coffeeshopbeleid stelde Kamerlid Wiegman-van Meppelen Scheppink van de ChristenUnie: 'Het gedoogbeleid stamt uit een tijd van bestuurders die besluiten namen met oogkleppen op voor de werkelijkheid.'[2] Het werd makkelijk beweerd, maar klopt het? Dezelfde oogkleppen zouden er zijn bij seksuele vrijheid en bij bijvoorbeeld de legalisering van prostitutie. Was ook dat waar? Ik merkte steeds vaker bij debatten in de Kamer, de media, maar ook in het land, dat mensen geen idee meer hadden waar onze vrijheden vandaan kwamen. Om ze goed te kunnen verdedigen en benutten moeten we beter weten hoe en waarom ze zijn ontstaan.

Op zoek naar de 'vrije moraal'

In dit boek ga ik op zoek naar de ontstaansgeschiedenis van de vrijheden rond seks, drank en drugs. Op deze punten wijkt Nederland, op het eerste oog, sterk af van andere landen. Ik heb me in die zoektocht beperkt tot mijn eigen werkveld: de Tweede Kamer. Als er iets misgaat in de samenleving wordt er bijna altijd onmiddellijk gekeken naar de politiek: 'Los dit op!' De politiek heeft de macht om regels strenger te maken, af te zwakken of zelfs te schrappen. Welke drug mag wel? Welke seksuele uiting mag niet? Om te achterhalen hoe die discussies verliepen ben ik de archieven van de Tweede Kamer ingedoken. Daar zijn alle debatten van de afgelopen tweehonderd jaar heel precies uitgeschreven.

Bij het doorploegen van de teksten werd ik niet teleurgesteld. Al honderdvijftig jaar lang is er met grote regelmaat over seks, drank en drugs gesproken. Het leverde schokkende, onthullende en vaak ook geestige informatie op. Er waren heftige debatten over drank- en drugsmisbruik en de verspreiding van 'prikkellectuur' (porno). Intussen veroverde de dansmuziek de jeugd, kwamen heroïneverslaafden in het straatbeeld, konden drugs worden gefabriceerd met chemicaliën uit het eigen keukenkastje, en inmiddels kan iedereen met een paar drukken op de knop via internet pornoacteur worden.

De verschillende politieke partijen hebben zich steeds tot deze nieuwe ontwikkelingen moeten verhouden, en gingen hierover emotioneel met elkaar in debat, ieder vanuit zijn eigen uitgangspunten. De een beriep zich op de 'christelijke moraal' en vond dat wetgeving langs religieuze normen moest lopen. Anderen wilden juist af van wetten die op religieuze opvattingen waren gebaseerd. Die laatste groep werd door hun christelijke tegenstanders daarom smalend als aanhangers van de 'vrije moraal' neergezet. Want als je wetgeving niet baseert op religieuze waarden, waarop baseer je die dan? Heb je dan überhaupt wel normen en waarden?

In dit boek omarm ik de term 'de vrije moraal' als geuzennaam en wil ik omschrijven wat er volgens mij onder verstaan moet worden. Ik wil op zoek naar de morele overwegingen van de vrijheid. Dit boek is geen politiek partijprogramma waarin ik tot in detail ga opsommen wat er volgens mij allemaal moet gebeuren om problemen rond seks, drank en drugs op te lossen. Wel wil ik laten zien hoe het vrije imago van Nederland is ontstaan, en welke discussies daaraan ten grondslag lagen. In het eerste deel, 'Revolutie en open gordijnen', wil ik laten zien welke normen en waarden er uit de felle confrontaties tussen de vrije moraal en zijn tegenstanders zijn komen bovendrijven. In het tweede deel, 'Pleidooi voor de vrije moraal', trek ik mijn conclusies en schets ik wat volgens mij haar contouren en dilemma's zijn.

Juist in een samenleving die zo open en vrij is, is het belangrijk te weten hoe die vrijheid is ontstaan, en waarom die steeds bevochten moet worden. Maar ook welk houvast de vrije idealen geven. Of is vrijheid per definitie grenzeloos?

Revolutie en open gordijnen

Een geschiedenis van seks, drank en drugs

Niet alleen jonge rugzaktoeristen kennen Nederland vanwege het 'seks, drugs en rock-'n-roll'-imago. Conservatieve Amerikanen hebben deze karikatuur ook omarmd. Maar dan als symbool van hoe het niet moet. Nederland is voor hen het uithangbord van de zonde geworden. Tekenend was een berucht geworden uitzending van het Amerikaanse conservatieve tv-kanaal FOX News uit 2004. Commentator Cal Thomas sprak vernietigend over Nederland, en met name over Amsterdam. Hij wees onder andere op het softdrugsbeleid, de emancipatie van homo's en legale prostitutie. 'Nederland is een sprekend voorbeeld van wat er gebeurt als er geen "governing moral standard" is!'[1] In 2008 verscheen op FOX News opnieuw een reportage over Nederland. Door toedoen van 'ongelovigen' was Nederland veranderd in een laboratorium met gevaarlijke experimenten. Het feit dat prostitutie in Nederland gelegaliseerd was, werd weggehoond. Prostitutie was in Nederland daardoor net zo gewoon geworden als 'naar de supermarkt gaan'. Bovendien was cannabis hier 'gewoon' verkrijgbaar. In de uitzending sprak presentator Bill O'Reilly met een aantal conservatieve opinieleiders. 'Ze hebben heerlijk naïeve ideeën over hoe je kinderen kan leren "safe sex" te bedrijven, en hoe je wiet rookt,' smaalden ze. Nederland was hierdoor in grote problemen geraakt, werd beweerd. 'Alle criminelen komen naar Nederland, want ze weten dat hun vrienden daar wonen!' Bill O'Reilly zuchtte diep en schudde zijn hoofd: 'Waarom snappen ongelovige, progressieve mensen dat nou niet?!'[2] Opnieuw werd de oorzaak gevonden in het ontbreken van religieuze waarden en morele ankers.

De open gordijnen en de zonde

Het beeld van Nederland als land van 'seks, drugs en rock-'n-roll' lijkt ons al lang aan te kleven. Maar lange tijd was ons imago ongeveer het omgekeerde daarvan. Nederland stond vroeger zelfs bekend als een van de meest godvrezende landen ter wereld.

Zo negatief als conservatieve Amerikanen zoals Bill O'Reilly nu spreken over Nederland, zo enthousiast waren ze in de negentiende eeuw. In een aantal Amerikaanse kinderboekjes werd Nederland zelfs als lichtend voorbeeld gebruikt: ijverig, netjes, bescheiden en zeer godsdienstig. De ideale samenleving werd in deze boekjes geïllustreerd met typische huishoudelijke taferelen uit de Hollandse schilderkunst, waar met militaire ernst de stoepjes werden schoongeboend.

Buitenlandse gasten verbaasden zich over de ontwapenende deugdzaamheid van de Nederlandse samenleving. Een typische gewoonte van gezinnen was bijvoorbeeld om de gordijnen 's avonds open te laten. Daarmee werd aan de buren getoond dat er niks te verbergen viel. 'Geen zonden hier!' De open gordijnen leken kenmerkend voor het diepe morele besef van de Nederlanders: er was niets te verbergen.

Voor en na de Tweede Wereldoorlog leek Nederland ook nog aan dat beeld te voldoen. De samenleving was opgedeeld in strikt afgebakende zuilen. Rooms-katholieken, protestants-christenen, sociaaldemocraten en liberalen leefden door elkaar heen, maar wel met een goed beschermde identiteit. Een katholiek las een katholieke krant, was lid van een katholieke omroep en de kinderen gingen naar een katholieke school en jongerenvereniging. Protestanten hadden weer eigen protestantse kranten, omroepen, scholen en jeugdverenigingen. Socialisten gingen weliswaar naar het openbaar onderwijs, maar hadden wel een eigen omroep en jeugdorganisaties. Liberalen hadden niet veel op met de verzuiling, maar moesten zich noodgedwongen schikken naar dit bouwwerk. Nederland leek al met al een aangeharkte en bedaarde natie. Volgens sommigen zelfs een beetje saai. Over Nederland ging de grap dat als vanuit Italië de vulkaan Etna erheen zou worden gebracht, hij de volgende dag niet meer zou borrelen. Zo saai was het hier.

Het imago van de bedaarde natie veranderde pas na de jaren zestig van de vorige eeuw. Een deel van de jongeren maakte zich met veel kabaal los uit de verbanden waarin ze waren opgevoed. Deze ontwikkeling zette een proces in werking waardoor uiteindelijk Nederland het gezicht kreeg dat we nu kennen: uitgesproken open over seks en drugs. Verschillende wetten zijn sindsdien afgeschaft, zoals het verbod op pornografie en het bordeelverbod. Zowel voor- als tegenstanders van deze vrijheden gebruiken in hun analyses de jaren zestig en zeventig als een keerpunt in de Ne-

derlandse geschiedenis. In dat beeld lijkt het alsof de strenge regels rond deze onderwerpen daarvoor al eeuwenlang
golden, maar de werkelijkheid is anders.

De revolutie van 1811: keuzevrijheid

Anders dan wel eens wordt gedacht was de conservatieve
wetgeving die sinds de jaren zestig stapje voor stapje werd
afgeschaft helemaal niet zo oud. De meeste strenge regels
waren nog maar enkele tientallen jaren daarvoor ingevoerd.

Tot het begin van de vorige eeuw had Nederland zelfs een
zeer liberale wetgeving. De wetgeving die toen gold was gebaseerd op de zogenaamde 'Code Penal' die was ingevoerd
in 1811, de tijd dat Nederland bezet werd door het Frankrijk
van Napoleon. Vóór die Franse tijd had Nederland overigens wel zeer strikte regels. Alle seksuele handelingen die
niet leidden tot het verwekken van kinderen waren verboden. In de praktijk viel het met de vervolging van afwijkend
seksueel gedrag binnen het huwelijk overigens erg mee. Het
westen van Nederland was vanaf de zestiende eeuw een van
de krachtigste stedelijke gebieden ter wereld. Door de internationale handel steeg de welvaart enorm, was er meer geld
en tijd voor ontspanning en vertier, en kwam de stedelijke
bevolking in aanraking met allerlei exotische en erotische
verleidingen. Dat leverde op allerlei gebieden een vrijer kli-
maat op. Toch konden de kerk en lokale overheden soms
barbaars optreden, bijvoorbeeld tegenover overspelige vrouwen. Op homoseksualiteit stond zelfs de doodstraf.

Maar tijdens de Franse tijd, tussen 1795 tot 1813, veranderde dit dus radicaal. De wetgeving werd geijkt op de ge-

dachte dat kerk en staat gescheiden waren. Religieuze oordelen mochten dus niet doorklinken in het beleid van de overheid. De overheid moest 'neutraal' zijn. Die neutrale houding van de overheid werd in eerste instantie ook door veel religieuze groeperingen omarmd. Door de neutraliteit van de overheid werd namelijk ook godsdienstvrijheid gegarandeerd. De kerk bemoeide zich niet met de staat, en omgekeerd hadden religieuze groepen geen last van de staat.

Omdat de overheid nu los moest staan van religie, moest ook bemoeienis met persoonlijke kwesties rond bijvoorbeeld seksualiteit tot een minimum beperkt blijven. De eigen keuze werd centraal gesteld. De overheid mocht geen zedenmeester zijn, en afwijkend gedrag afkeuren noch bevorderen. Zolang je anderen met je gedrag niet schaadde of ongevraagd lastigviel, had je van de overheid niets te vrezen. Verkrachting was daarom natuurlijk verboden, maar ook 'openbare schennis van de eerbaarheid' zoals naaktlopen. Maar voor de rest liet de wet veel vrij. Een wettelijke minimumleeftijd voor seks was er formeel niet, maar in de praktijk hanteerden rechters de leeftijd van twaalf jaar. Onder die leeftijd werd seks als verkrachting gezien. Voor de rest was er geen aparte bepaling tegen voorbehoedsmiddelen, homoseksualiteit, pornografie of prostitutie.

Alcohol en drugs werden vóór de Franse tijd nauwelijks bestreden. Opium werd vooral als verdoving gebruikt bij operaties of als pijnstillers. Het werd ook wel gebruikt als genotmiddel, maar dat gebeurde vooral door een bovenlaag van de bevolking die daar het geld voor had, en in Nederlands-Indië. De eventuele verslaving bleef in Nederland relatief onzichtbaar voor de buitenwereld. Dat was anders met alcohol, die in alle lagen van de bevolking gebruikt werd, en regelmatig tot grote problemen leidde. Maar ook hier bestonden nauwelijks regels. Alcohol mocht zelfs aan kinderen worden geschonken.

Toen Nederland in 1813 weer onafhankelijk van Frankrijk werd, bleef een groot deel van de Franse wetgeving bestaan. Daarmee was Nederland, samen met België en Frankrijk, lange tijd een van de meest 'vrije' landen in Europa, vooral op het gebied van de zedenwetgeving. De bewering dat Nederland dus pas vanaf de jaren zestig een vrije voortrekker is geworden wat betreft seks en drugs klopt dus in ieder geval niet. Je zou zelfs kunnen zeggen dat de eerste echte seksuele revolutie eigenlijk al plaatsvond in 1811.

Maar hoe kan het dan dat Nederland toch als zo 'vroom' bekendstond? Waren de jubelende Amerikaanse schoolboekjes over het kuise Nederland dan helemaal onzin? Nee, dat was het niet. Hoewel de wetgeving in de negentiende eeuw vrij liberaal was, was het gezag van de kerk in de praktijk nog steeds heel groot. Vrijwel iedereen, inclusief veel liberalen, was aangesloten bij een kerkgenootschap, waardoor de religieuze ideeën nog breed doorklonken in de samenleving. Binnen de eigen kring werd iedereen goed in de gaten gehouden. Afwijkend seksueel gedrag leidde niet meer tot een juridische veroordeling, maar nog wel tot sociale uitsluiting.

Door deze macht van de kerk stonden de vrije wetten voortdurend onder druk. Een aantal religieuze groepen wilde dat de overheid haar taak als hoedster van godsdienstige waarden toch weer zou opnemen. Zij vonden dat de overheid zich niet afzijdig kon houden tegenover de zonden in de samenleving. Sterker nog: als je niet actief optrad tegen de zonde, dan koos je eigenlijk partij vóór de zonde. De overheid moest kleur bekennen door het foute openlijk af te keuren en te verbieden, en het daarmee terug te dringen.

Alcohol: 'Een zonde die niet alleen individuen bedreigt'

Een van de grootste maatschappelijke problemen in de negentiende eeuw was het overmatig drankgebruik van een deel van de bevolking. Vooral in arbeiderskringen leidde het alcoholgebruik tot enorme problemen. Sommige arbeiders maakten hun hele maandsalaris op aan drank, met grote gevolgen voor de gezinnen die ze moesten onderhouden. Bovendien was er een groot aantal illegale stokerijen. Door die illegale stook was er veel onzuivere alcohol op de markt die tot veel schade voor de gezondheid en zelfs tot doden leidde. In 1842 werd daarom de Nederlandse Vereniging tot Afschaffing van het Gebruik van Sterken Drank opgericht. Hun slogan was: 'Ach vader! Niet meer!', en als symbool droegen ze een blauwe knoop op de jas.

In 1855 drong hun geluid ook tot de Tweede Kamer door. De Kamerleden waren het erover eens dat de illegale stokerijen moesten worden aangepakt. Dit was een directe bedreiging voor de volksgezondheid. Maar wat te doen aan overmatig alcoholgebruik? De meeste politici van die tijd vonden dat mensen hier zelf verantwoordelijk voor waren. De vraag werd gesteld of 'het de roeping of de pligt des wetgevers is' om door een verbod 'volksondeugden' te bestrijden?[3] Los van de principiële vraag of het tegengaan van drankmisbruik wel een overheidstaak was, bestond er ook twijfel of het wel zou helpen. De beroemde liberaal Johan Rudolph Thorbecke zei wel te begrijpen dat politici aan dit soort problemen iets wilden doen, maar dempte de verwachtingen daarvan. De samenleving is nu eenmaal niet te sturen met wetgeving, zeker niet als het gaat om het bestrijden van zoiets als alcoholmisbruik, stelde hij. Thorbecke: 'De magteloosheid van den wetgever, de ijdeldrift zijner pogingen is ook nergens meer blijkbaar geworden dan op dat gebied.'[4] De meerderheid van de Tweede Kamer besloot daarom om nog geen verbods- en beperkingswetten in te voeren.

Enkele tientallen jaren later, in 1881, veranderde dat. Steeds meer liberalen raakten ervan overtuigd dat het forse alcoholgebruik vroeg om ingrijpen. Door het drankmisbruik was er regelmatig sprake van huiselijk geweld, vechtpartijen op straat en andere verstoringen van de openbare orde.[5] De drank was niet alleen een probleem van de drinker zelf, ook anderen hadden er last van.

Daarnaast werd erkend dat kinderen en jongeren onder een bepaalde leeftijd bescherming verdienden. In de eeuwen ervoor werden kinderen als 'kleine volwassenen' behandeld, maar nu werd gevonden dat zij zowel lichamelijk als geestelijk nog niet volledig ontwikkeld waren. Dat inzicht leidde niet alleen tot de leerplicht en het beperken van kinderarbeid, maar ook tot regels voor alcoholgebruik.

Om drank te mogen schenken had je voortaan een vergunning nodig, en er kwamen sluitingstijden voor kroegen. De overheid nam het goede voorbeeld door gemeenteraden te verbieden nog langer te vergaderen in een dranklokaal, wat daarvoor vaak het geval was.[6] Het drankgebruik onder de jeugd werd aangepakt, door de verkoop van sterk alcoholische drank aan jongeren onder de zestien te verbieden. Bier en wijn waren nog wel vrij verkrijgbaar voor alle leeftijden.

In het wetsvoorstel werd uitgebreid verdedigd dat deze

maatregelen niet bedoeld waren om de staat tot 'zeden-
meesters' te verheffen: 'Wanneer een ondeugd meer en
meer het karakter aanneemt van eene volkszonde, die niet
alleen individuen zedelijk bedreigt, dan moet de theorie
zwichten voor de overweldigende kracht der feiten, of liever, dan heeft men zorg te dragen, dat de theorie blijve binnen de grenzen haar door de feiten aangewezen.'[7] De liberale regering 'betuttelde' dus niet, maar vond de omvang
van het drankprobleem zo groot dat je er iets aan moest
doen. Om schade aan jongeren, gezinnen en anderen te beperken waren de ingrepen nodig.

Ondanks de maatregelen bleef het alcoholprobleem bestaan, vooral bij de allerarmste gezinnen. Dit was ook een
grote zorg van de socialisten, die meenden dat drankmisbruik tot verzwakking van de arbeidersklasse leidde. Ferdinand Domela Nieuwenhuis, die van 1888 tot 1891 als eerste
socialist in het Nederlandse parlement zat, schreef in 1897:
'Het alcoholisme is een grote helper van het kapitalisme;
het maakt de mensen tot willooze slaven, die zich laten uit-
zuigen en onderdrukken en voor een borrel tevreden weer
buigen voor hun slavenjuk.'[8] De socialistische voorman-
nen hadden ook een andere reden om het drankgebruik
onder hun achterban te bestrijden. In die jaren streden ze,
samen met de vrijzinnig-liberalen, voor het algemeen kies-
recht. Zij vonden dat niet alleen rijkere en hoogopgeleide
Nederlanders mochten stemmen, maar dat het stemrecht
voor iedereen moest gelden. In die strijd was het belangrijk
dat de arbeidersklasse niet te boek stond als een stelletje
dronkenlappen. Socialistische organisaties hielden om
die reden een beschavingsoffensief onder de eigen achterban.

Overspel: 'De zedelijkheid van het wetboek'

De regeringen van die tijd hielden zich niet alleen bezig met alcohol. Zij wilden dat pornografie – 'ontuchtige blaadjes' en 'prikkellectuur' – niet zomaar aan de openbare weg te zien was. Het kijken naar pornografie was een persoonlijke keuze, maar het was niet goed om er ongevraagd mee geconfronteerd te worden. Daarnaast werd de minimumleeftijd voor seksueel contact opgeschroefd naar zestien jaar. Ook dit gebeurde vanuit de gedachte dat jongeren onder een bepaalde leeftijd beschermd moesten worden tegen misbruik en dwang tot seks.

Naast deze min of meer logische regels om mensen te beschermen, kwam er ook steeds meer regelgeving die minder liberaal was. Zo werd in 1886 overspel strafbaar. De regering had in eerste instantie veel principiële en praktische bezwaren tegen zo'n verbod. Persoonlijk kan men overspel moreel veroordelen, vond de regering, maar de overheid moest zich hier niet mee bemoeien. De regering dacht bovendien dat het heel lastig zou zijn te bewijzen dat een echtgenoot vreemdging. En bracht dit soort rechtszaken niet veel grotere schade toe aan een huwelijk dan nodig was?

De meerderheid van de Tweede Kamer – zowel conservatief-liberale als steeds meer conservatieve en christelijke Kamerleden – dacht daar anders over. Overspel was vanuit christelijke overwegingen een breuk van een belofte aan God. Door conservatief-liberalen werd het als een vorm van contractbreuk gezien, dat om die reden bestraft moest worden. Nog belangrijker was de gedachte dat de wet een voorbeeld moest stellen aan de samenleving. Het feit dat overspel niet strafbaar was deed 'nadeel aan de zedelijke indruk van het Wetboek'. De regering moest uiteindelijk door de knieën en schreef een wet die overspel strafbaar stelde, 'uit eerbied voor de volksovertuiging'.[9] De regering zei wel dat van de wet niet veel verwacht moest worden. Het was vooral een symbolisch verbod.

Christelijke partijen aan de macht: 'Achter elke matroos een kindermeisje'

In de negentiende eeuw hadden de liberalen doorgaans de meerderheid in de Tweede Kamer. Daarbij moet je niet denken aan liberale 'partijen' die hen aan een meerderheid hielpen, want er bestonden in die tijd geen politieke partijen. Kamerleden werden ieder apart gekozen via kiesdistricten, en werkten in de Tweede Kamer op losse basis met elkaar samen. Maar aan het eind van de negentiende eeuw veranderde dat radicaal.

Vooral politici die zich als christelijk wilden profileren zagen als eerste de kansen van het vormen van politieke allianties. Door de krachten te bundelen kon veel meer invloed worden afgedwongen. Vanaf de kansel werden deze nieuwe politieke partijen gepromoot, vanuit zowel de rooms-katholieke als de protestantse kerken. Omdat vrijwel alle Nederlanders aangesloten waren bij een kerk, werd het voor veel mensen bijna een vanzelfsprekendheid om op deze partijen te stemmen. Daarnaast werd het stemrecht steeds meer uitgebreid. De groep kiezers werd dus steeds groter en gevarieerder.

In 1901 leidde deze krachtenbundeling van christelijke Kamerleden tot het eerste kabinet dat volledig op christelijke grondslag kon leunen. Abraham Kuyper was de minister-president van dit kabinet en voorman van de Anti-Revolutionaire Partij. Anti-Revolutionair verwees hierbij naar het verwerpen van de vrije ideeën van de Franse Revolutie. Tijdens de verkiezingen hadden de christelijke politici fel campagne gevoerd tegen het 'ongeloof' in de samenleving en de ellende die daaruit voortkwam. Premier Kuyper stelde bij de regeringsverklaring dat zijn beleid, anders dan de oppositiepartijen, gegrond zou zijn op de liefde voor 'Den Heer, uwen God'.

De oppositie, bestaande uit liberalen, vrijzinnigen en socialisten, had kritiek op die woorden van Kuyper. Zowel de liberalen als de socialisten schoven in het eerste debat met Kuyper politici naar voren die zelf dominee waren. Zij verwierpen de bewering van Kuyper dat zijn kabinet het echte christendom zou vertegenwoordigen. Kamerlid Roessingh van de Liberale Unie, zelf vrijzinnig-hervormd predikant, vond dat het woord 'christelijk' niet door één partij of regering toegeëigend mocht worden. Hij wees op de vele stromingen die er waren in het christendom: van heel strenge en calvinistische tot aan de vrijzinnige richtingen waartoe hijzelf behoorde. Hij zei: '*Uw* christendom is nog niet *het* christendom, *uw* Christus nog niet *de* Christus en *uw* evangelie nog niet de *Blijde Boodschap*, uitgesproken in de Bergrede en gelijkenis op Galilea's heuvelen.'[10]

De meerderheid van christelijke politici greep al snel haar kans om een aantal vrijheden aan banden te leggen. Onder het christelijke kabinet-Heemskerk (1908-1913) werden allerlei wetten ter stemming gebracht die de openbare zeden aan strenge regels wilden binden. Bordelen moesten worden verboden, pornografie moest worden ingedamd, homoseksualiteit aan strenge regels gebonden, het propageren van voorbehoedsmiddelen bestreden en het gokken aangepakt.

In de Tweede Kamer waren er grofweg twee kampen. Aan de ene kant stonden de religieuze partijen. Zij waren voor strenge zedenwetten, maar spraken wel in verschillende toonaarden. Zo had de Christelijk-Historische Unie (CHU, Nederlands-hervormd) vaak gematigder standpunten. De rooms-katholieke Kamerleden waren feller. Deze Kamerleden voelden zich sterk verbonden met de religieuze opvattingen van het Vaticaan en verzetten zich daarom het felst tegen geboortebeperking, zelfs binnen het huwelijk. De gereformeerde Anti-Revolutionaire Partij was het meest activistisch. Haar achterban was – net zoals bij de katholieken – veel gemengder van samenstelling. De verleidingen van alcohol en seks vormden bij hen een veel grotere bedreiging. De Anti-Revolutionairen en de katholieken vreesden bovendien dat hun kiezers naar de socialisten zouden overlopen en de kerk de rug zouden toekeren. De felheid waarmee ze het zedenbederf wilden tegengaan was soms zo sterk dat andere christelijke politici er wanhopig van werden. Toen de ARP vanuit de Kamer harde maatregelen eiste tegen matrozen die 's nachts aan wal de bloemetjes buitenzetten, zuchtte de minister van Marine: 'Ik kan toch niet achter iedere matroos een kindermeisje sturen?'

Aan de andere kant stonden de Vrijzinnig Democratische Bond (VDB), de Sociaal-Democratische Arbeiders Partij (SDAP), de Vrije Liberalen en de Liberale Unie. Op veel punten verschilden deze partijen zeer sterk van elkaar. De Liberale Unie en de Vrije Liberalen stonden voor economische vrijheid, waar de sociaaldemocraten juist voor overheidsinmenging streden. Maar bij zaken die niet over geld gingen konden deze partijen redelijk goed samenwerken. Zij verzetten zich tegen de manier waarop de christelijke partijen wilden ingrijpen in het persoonlijk leven van mensen. Toch waren ook hier verschillen. De Liberale Unie en de Vrije Liberalen waren duidelijk conservatiever in hun opvattingen. Ze hadden veel stemmen verloren aan de christelijke partijen en wilden deze kiezers niet verder van hen vervreemden. De vrijzinnig-democraten (een sociaalliberale partij, waarvan de achterban vooral bestond uit kleine ondernemers, boeren, vrijzinnige christenen en joden) waren veel uitgesprokener liberaal in hun vrije uitgangspunten. De socialisten waren tegen bemoeienis van de overheid met het persoonlijk leven van mensen, maar bepleitten wel bescherming tegen uitbuiting.

Christelijke versus vrije moraal: 'De uiterlijke waas van braafheid!'

De botsing tussen het christelijke kamp en het kamp van de liberalen, vrijzinnigen en socialisten kwam tot een hoogtepunt bij de debatten over de nieuwe zedenwetgeving. Minister van Justitie Regout verdedigde deze wetten. Hij was van streng rooms-katholieken huize en vond dat 'de verheffing van het volk' de voornaamste opdracht was van de overheid. Tijdens de verdediging van de zedenwetten zette hij zich af tegen de moraal van de niet-religieuze partijen. Hij noemde deze smalend de 'vrije moraal'. Regout stelde vast dat de vrije moraal de vastomlijnde wetten van het geloof niet erkende, geen verantwoording aan God wilde afleggen, en dus alleen maar aan zichzelf verantwoording schuldig was. Hij stelde dat aanhangers van die moraal 'morgen goedprijzen, wat men heden veroordeelt, omdat men zichzelf alleen rekenschap verschuldigd is, voor wat men doet, voor wat men voorstaat'.[11] De vrije moraal was daarom willekeurig, onduidelijk en getuigde niet van ethisch besef. Hij zette daar de christelijke moraal tegenover. Die was 'eeuwig' en gaf richting aan de stuurloze samenleving.

De woorden van Regout werkten als een rode lap bij zijn tegenstanders. Het socialistische Kamerlid Hugenholtz vroeg zich af wat die moraal van de christelijke partijen eigenlijk was: 'Gij spreekt van een *christelijke moraal*, waar kunt gij die ergens aantoonen?' Vrijzinnig-democraat Treub wees erop dat de christelijke moraal niet zo onwrikbaar was als door de minister werd beweerd. Werden de slavernij en de heksenvervolging eerst niet goedgekeurd door de christelijke moraal, en nu verworpen? Vanuit de Kamerbankjes werd door de Liberale Unie naar de minister geroepen: 'En de doodstraf!' De doodstraf was immers toegestaan in de Bijbel, maar was in Nederland inmiddels afgeschaft, ook met instemming van de meeste christelijke partijen. Ook daar was de christelijke moraal blijkbaar van mening veranderd. Treub vervolgde: 'De wisselende tijdsomstandigheden en denkbeelden hebben in dit opzicht de toepassing der moraal veranderd.' De christelijke moraal had dus met de vrije moraal gemeen dat ze beide konden veranderen, stelde hij. Hij vond het juist van kracht getuigen dat je openstond voor nieuwe inzichten. Het is de vrije moraal 'die eenvoudig wil dat elk lid der maatschappij zóó handelt dat daardoor de ontwikkeling en verheffing der menschheid worden bevorderd', betoogde Treub. Minister Regout bleef bij zijn standpunt dat zo'n 'open' houding te weinig fundament kon geven.

De toon van de debatten over zedenverval waren fel en emotioneel. Tegenwoordig wordt er nog wel eens geklaagd over de 'toon van het debat' en de taalverruwing in de Tweede Kamer, maar wat dat betreft is er niets nieuws onder de zon. Er werd zelfs behoorlijk op de man gespeeld. Zo ver-weet Treub zijn christelijke tegenstanders dat zij op hun va-kanties in Monte Carlo 'of welke Franse badplaats ook' zich rustig bezondigden aan allerlei zaken die ze nu in eigen land wilden verbieden. Hij stelde vast dat de voorgestelde regel-geving een '*uiterlijke* waas van braafheid' suggereerde die 'de *innerlijke* braafheid niet dekt'.[12] De socialistische voor-man Troelstra verweet zijn tegenstanders een dubbele stan-daard te hanteren. Hij verwees naar het feit dat de christelij-ke regering kleine gokspelletjes wilde verbieden, maar het wedden op renpaarden ongemoeid liet. De reden om deze laatste vorm van gokken te sparen was dat een verbod de boerenbelangen van de paardenfokkers zou aantasten. Was dat niet heel hypocriet? Treub stelde vast: 'Wanneer er één kanker is in het volkskarakter in Nederland, dan is het de hypocrisie, die hier wat weliger tiert dan in de meeste ande-re landen.'[13] Hij vond het bovendien onzin dat zijn christelij-ke tegenstanders beweerden dat Nederland in een toestand van 'morele inzinking' verkeerde. Door dit soort uitspra-ken zou het zelfbeeld van Nederlanders kunnen worden aangetast. Bovendien was het slecht voor ons imago in het buitenland de Nederlanders een 'dergelijke klad aan te wrijven'.[14]

Op hun beurt verweten de christelijke politici de vrije moraal dat deze geen oog had voor de misstanden in de maatschappij. Zij verweten die moraal dat hij mensen zou aanzetten tot 'schandelijk gedrag'. De socialistische voor-man Troelstra (SDAP) reageerde geërgerd. Hij klaagde in een 'duffe en onfrisse atmosfeer' te verkeren en stelde dat wetgeving niet moest worden gebaseerd op verouderde of persoonlijke voorkeuren: 'Wanneer op grond daarvan het recht moet geregeld worden, dan loopen wij alle kans, een maatschappelijke ruïne te gemoed te gaan.'[15] De debatten over de zedenwetgeving duurden vele dagen, en werden op de voet gevolgd door de kranten, die dagelijks nauwlettend verslag deden.

Voorbehoedsmiddelen: 'Leve de moraal, dood aan de kinderen!'

Het felste debat werd gevoerd over de kwestie van de voorbehoedsmiddelen. Tegenwoordig kan iedereen makkelijk aan 'de pil' komen, of aan een condoom, maar dat was honderd jaar geleden veel lastiger. Door de voortgang van de techniek kwamen er wel steeds meer middelen beschikbaar om een ongewenste zwangerschap te voorkomen. Aletta Jacobs, de eerste vrouwelijke arts in Nederland en een fel strijder voor het vrouwenkiesrecht, vocht buiten de Kamer voor het recht van vrouwen om meer zeggenschap te krijgen over hun eigen seksualiteit. De religieuze partijen waren daar faliekant tegen. De christelijke regering wilde de verspreiding, reclame en het gebruik van voorbehoedsmiddelen aan banden leggen. Het breeduit verspreiden van voorbehoedsmiddelen zou mensen aanmoedigen om alleen nog maar seks te hebben voor hun plezier. Dat was niet de bedoeling. Bovendien zouden voorbehoedsmiddelen het makkelijker maken voor met name vrouwen om vreemd te gaan, omdat ze niet meer bang hoefden te zijn om zwanger te worden. Voorbehoedsmiddelen waren ook een bedreiging voor ongetrouwde meisjes. In die tijd was ongetrouwd zwanger zijn nog een maatschappelijke schande. Dat was een behoorlijke rem om voor het huwelijk seks met iemand te hebben. Wanneer voorbehoedsmiddelen overal te koop zouden zijn, dan konden ongetrouwde meisjes dat makkelijker omzeilen. Sommige christelijke politici stelden de verspreiders van voorbehoedsmiddelen daarom gelijk aan pooiers die vrouwen aanzetten tot hoererij.

De liberalen, sociaaldemocraten en vrijzinnigen stonden lijnrecht tegenover die opvatting. Tijdens het debat hield het vrijzinnige Kamerlid Treub (VDB) een bevlogen pleidooi voor ruime verstrekking van voorbehoedsmiddelen. Niet alleen met het oog op de seksuele zelfstandigheid van de vrouw, maar ook vanwege een belangrijk sociaal doel. Aan het begin van de twintigste eeuw heerste er onder grote gedeelten van de bevolking enorme armoede. Veel gezinnen hadden een groot aantal kinderen. Geboortebeperking zou kunnen helpen die armoede in te dammen. Met minder kinderen hoefden er immers minder monden gevoed te worden. Treub kwam tijdens het debat met een zeer gedetailleerde opsomming van geboorte- en sterftecijfers. Hij wilde aantonen dat grote gezinnen relatief armer waren dan kleinere gezinnen. De cijfers lieten bovendien een overduidelijk verband zien tussen gezinsgrootte, armoede en kindersterfte: hoe groter het gezin, des te meer kinderen zeer jong overleden.

Minister van Justitie Regout vond die redenering 'te economisch'. Naar zijn mening was de redenering van Treub een droevig voorbeeld van de 'vrije moraal'. Spelen argumenten van normen en waarden dan helemaal niet mee? Hij stelde dat het Treub alleen maar ging om het praktisch nut van dit soort nieuwe technieken en niet om de morele wenselijkheid ervan. Treub reageerde woedend. Hij somde opnieuw de sterftecijfers op waaruit bleek dat bij arme, zeer kinderrijke gezinnen de kindersterfte soms opliep tot boven de 50 procent. Het verbod op voorbehoedsmiddelen vanuit de zogenaamde christelijke moraal kwam in feite neer op kindermoord, stelde hij. Zijn uw principes dan heiliger dan de praktijk? Treub vroeg ontzet in het Frans: 'Vive la morale, périssent les enfants?!' – Leve de moraal, dood aan de kinderen?

Regout herhaalde dat hij voorbehoedsmiddelen moreel onjuist vond. De christelijke partijen hadden een meerderheid, en hielden vast aan de beperking ervan.

Pornografie: 'Zelfs stuitend voor volwassenen'

Een ander belangrijk onderwerp van discussie was het tegengaan van pornografie. Ondanks de eerdere beperkingen met betrekking tot het uitstallen van 'prikkellectuur' op de openbare weg, had de verspreiding toch een enorme vlucht genomen. Door nieuwe foto- en druktechnieken werden seksuele plaatjes verspreid, nu vooral via prentbriefkaarten.

Hoe zo'n erotische prentbriefkaart eruitzag werd omschreven door het rooms-katholieke Kamerlid Van Nispen tot Sevenaer: 'Het is een prentbriefkaart waarop, in een twintigtal kleine plaatjes, op een afschuwelijke wijze wordt weergegeven, hoe een schandelijk geklede vrouw een jongen tot kwaad verleidt.'[16] Minister Regout wilde de verspreiding van dit soort kaarten aan banden leggen. Pornografisch materiaal mocht niet in de openbare ruimte verkocht worden. De gedachte was dat de overheid ervoor moest zorgen dat kinderen niet met dit soort plaatjes werden geconfronteerd. Dat was vooral belangrijk om kinderen van armere ouders te beschermen. De redenering was dat rijke kinderen altijd wel iemand in de buurt hadden die naar hen omkeek en hen behoeden kon voor het zien van vieze plaatjes, maar dat armere kinderen onbegeleid over straat moesten.[17] Het ging minister Regout dus in de eerste plaats om de bescherming van kinderen, maar hij zei er ook bij dat de plaatjes 'zelfs stuitend zijn voor volwassenen'.

De vrijzinnig-democraat Treub vond deze wetswijziging te ver gaan. Als we de verspreiding van dit soort prentbriefkaarten aan banden gingen leggen, wat was dan het volgende? Hij vroeg op sarcastische toon of de minister ook iets wilde doen aan de nieuwe vrouwenmode. De mode schreef in die dagen zeer krappe jurken voor, waarbij het decolleté hoe 'officiëler de gelegenheid is, des te dieper gaat'. Treub vroeg pesterig of de minister ook tegen deze kledingstijl wilde optreden. Regout wilde wel bevestigen dat hij de 'tegenwoordige afgrijselijke mode' inderdaad buiten 'kunst en smaakzin' vond vallen. Verbieden wilde hij die kleding alleen niet. Treub hekelde vervolgens de inconsequentie van de regering en vreesde dat dit 'de deur wagenwijd zal openen voor willekeur en zoozeer strijdt met onze meest elementaire begrippen van vrijheid!'[18]

De conservatief-liberaal Tydeman was kritischer. Hij zag pornografie als een groot gevaar. 'Ik geloof, dat men te weinig weet, hoeveel levens door sexueele prikkeling in de jeugd worden vergiftigd.'[19] Hij wilde harde repressie. Kamerlid Brummelkamp van de gereformeerde ARP stelde daar een opmerkelijk genuanceerd betoog tegenover. Hij verklaarde dat hij niet per se tegen erotiek of zelfs pornografie was. Volwassenen konden daar best mee omgaan. In de handen van de jeugd paste het alleen niet. Hij noemde het voorbeeld van de Franse schrijver Zola, berucht door zijn erotisch getinte boeken. 'Wanneer een man van mijn jaren een werk van Zola ter hand neemt, is dat werkelijk voor mij in geen enkel opzicht obsceen, maar als een jongen of een meisje van 16 jaar, met de bepaalde bedoeling om zich te emoustilleeren (verlustigen, BvdH) door lezing van het scabreuze (onzedelijke, BvdH), zulk een werk gaat lezen, wordt het wel iets obsceens.' Ook de socialisten waren zeer kritisch over de onzedelijkheid van de plaatjes, maar verwachtten niet veel van een verbod.

Opnieuw was er een ruime meerderheid in de Tweede Kamer voor het voorstel van de regering.

Homoseksualiteit: 'Die tijd zal nooit komen'

Tijdens de zedendebatten werd ook de 'kwestie van de homoseksualiteit' besproken. Homoseksualiteit was vóór de Franse bezetting verboden, en er stond zelfs vaak de doodstraf op. Na 1811 was Nederland een van de eerste landen die homoseksualiteit gelegaliseerd hadden, maar in de praktijk was het nog steeds een groot taboe. Rond 1900 werden buitenlandse rechtszaken tegen homo's breed uitgemeten. Vooral de rechtszaak in 1895 tegen de Britse toneelschrijver Oscar Wilde baarde internationaal opzien. Wilde had een relatie met een jonge man van hoge komaf, en dat leidde tot veel sensatieverhalen in de media. Ook in Nederlandse kranten werd gesproken over deze 'intieme vriendschappen'.[20] Homoseksualiteit werd vooral gezien als een seksuele afwijking; er werd nauwelijks gesproken over serieuze en liefdevolle relaties die mensen van het gelijke geslacht zouden kunnen hebben.

De regering constateerde – zonder dat er cijfers over bekend waren – dat er ook in Nederland een 'enorme groei' was van homoseksualiteit. De regering wilde een dam opwerpen tegen deze ontwikkeling. Ze wilde homoseksualiteit niet strafbaar stellen, maar de minimumleeftijd werd wel verhoogd van zestien naar eenentwintig jaar. Voor heteroseksualiteit bleef die zestien jaar. De reden om dit leeftijdsverschil aan te brengen lag in de gedachte dat het vooral oudere mannen waren die jongeren tot homoseksueel gedrag brachten. Hierbij werd er verwezen naar het klassieke Griekenland waar verhoudingen tussen volwassen en jongere mannen gebruikelijker waren. Daarnaast werd gedacht dat de homoseksualiteit van jongeren vaak een tijdelijke bevlieging zou zijn. Met het verstrijken van de jeugd zou deze geestelijke stoornis weer overwaaien of behandeld kunnen worden. Het verhogen van de minimumleeftijd zou de groei van homoseksualiteit in ieder geval kunnen afremmen.

Deze maatregel wekte protest op. Hoewel het kabinet homoseksualiteit niet verbood, werd het verschil in behandeling gezien als een teken van morele afkeuring. Het motiveerde een klein aantal homo's om organisaties op te zetten die voor hun belangen moesten opkomen. Ook de wetenschap mengde zich in het politieke debat. Wetenschappers stelden te kunnen aantonen dat homoseksualiteit een natuurlijk verschijnsel was. Mensen werden niet door anderen homoseksueel 'gemaakt', het was aangeboren. Omdat homoseksualiteit blijkbaar een speling van de menselijke natuur was, verdiende het geen morele afkeuring, maar juist acceptatie. De regering werd opgeroepen om open te staan voor deze nieuwe wetenschappelijke inzichten.

De meeste Kamerleden zaten helemaal niet op die nieuwe wetenschappelijke inzichten te wachten. Liever besteedden ze zo min mogelijk aandacht aan het fenomeen. Ze waren vooral bezorgd dat het bespreken van homoseksualiteit het debat erover alleen maar verder zou aanwakkeren. Dat leverde bizarre redeneringen op, zelfs bij de tegenstanders van het regeringsvoorstel. Zo vond conservatief-liberaal Tydeman de ongelijke behandeling van homo's een slecht idee, maar vooral uit strategische overwegingen. Hij stelde dat ongelijke behandeling homo's alleen maar in de kaart zou spelen. Tydeman zei: 'Met welk recht, zoo vragen de homosexueelen, maakt gij uitzonderingsbepalingen voor ons? Gij meet met tweeërlei maat; wij zullen u aantonen, dat gij onrecht doet.' Hij vreesde dat door de ongelijke behandeling het debat over het bestaansrecht van homoseksualiteit geopend zou worden, wat Tydeman niet wenste: 'Dat wensch ik niet, omdat er geen beter middel is om dat kwaad te verspreiden en daarvoor propaganda te maken. Men opent immers die discussie op wetenschappelijke gronden.'[21] Het was een opvallende redenering: discrimineer die homo's nou niet, want dan houden ze zich tenminste koest en vallen ze ons niet lastig met nieuwe wetenschappelijke feiten om nog meer acceptatie te eisen.

Het vooraanstaande Kamerlid De Savornin Lohman (CHU) had ongeveer dezelfde redenering. Hij durfde het woord 'homoseksualiteit' niet eens in de mond te nemen en wilde dat graag zo houden. 'Daarom zeg ik: laten wij voorzichtig zijn met het straffen van deze feiten, die tot dusverre niet besproken werden in ons land en die ik hoop, nooit besproken zullen worden.'

De vrijzinnig-democraten en de sociaaldemocraten waren in het debat het meest uitgesproken tegen de ongelijke behandeling van homo's. Troelstra van de SDAP hekelde het feit dat andere politici zich 'boven een dergelijk medemensch te gevoelen, en op grond van een of ander moraal den staf over hem te breken'. Minderjarige ontucht (onder de zestien) moest worden bestreden, maar wat hem betreft net zo goed voor hetero's als voor homo's. Hij keerde zich ook tegen het argument van de regering dat de homoseksualiteit een hoge vlucht nam. Hij schatte dat de hoeveelheid homoseksuelen op slechts 2 procent van de bevolking lag. Minister Regout reageerde sarcastisch op die schatting: 'Wanneer Troelstra zegt dat het cijfer dezer lieden niet zoo groot is, hoogstens 2%, dan antwoord ik: gelukkig dat het lang niet 2% is! Want was het 2% van de geheele bevolking, dan zou men tot afschuwelijke cijfers komen. Dan had men in een stad van 500.000 zielen 10.000 homosexueelen. Dat zou inderdaad een cijfer zijn om van te gruwen!'

Troelstra stoorde zich aan de houding van de minister. Hij vroeg hem om open te blijven staan voor nieuwe wetenschappelijke inzichten. Minister Regout was meteen duidelijk: die tijd zal nooit komen. 'Hoe ik te zijner tijd over hetgeen wetenschappelijk zal zijn vastgesteld, zou denken in verband met de *christelijke moraal*, kan ik niet zeggen. De tijd zal nooit komen dat iets dat in strijd is met het natuurrecht, werkelijk wetenschappelijk zal worden vastgesteld!'[22]

Het bordeelverbod: 'Stel uw dochters ter beschikking'

Bij het debat over het beperken van voorbehoedsmiddelen liepen de emoties hoog op, en kwamen de vrije en de christelijke moraal keihard met elkaar in botsing. Ideologisch stonden de politieke partijen lijnrecht tegenover elkaar. Dat was anders bij het onderwerp 'prostitutie'. De regering was van plan om prostitutie stevig aan banden te leggen. De meeste prostitutie vond plaats in bordelen, waar vrouwen werden uitgebaat om betaalde seks te bedrijven. Door het bordeel-verbod moest hier een einde aan komen.

Prostitutie was vóór de Franse tijd al officieel verboden, maar werd, vooral in de grote steden, in de praktijk redelijk met rust gelaten. Zolang het niet te zichtbaar gebeurde en geen overlast veroorzaakte, namen de overheden geen maatregelen. Na de Franse tijd werden hoerenhuizen gelegaliseerd en kwamen er zelfs specifieke regels. Om de bezoekende mannen gezond te houden moesten de prostituees zich elke twee weken verplicht laten controleren op ziektes zoals syfilis.

In de politiek trok de gereformeerde Abraham Kuyper van de ARP fel van leer tegen deze regulering. Kuyper vond dat de overheid een dubbele boodschap uitdroeg. Door regulering zou de overheid eigenlijk zeggen dat prostitutie moreel aanvaardbaar was. Om die onduidelijkheid op te heffen moest prostitutie dus verboden worden. Kuyper schreef in 1879: 'Zegt de Overheid eenmaal: Hoererij is on-eerbaar, en stelt ze zich dan ook als handhaafster onzer aller eerbaarheid tegen dit oneerbare wezen op, dan is, mits dit consequent geschiede, hiermee de helft van het kwaad reeds bedwongen!'[23] Het reguleren van prostitutie was in zijn ogen dus een verkeerd signaal.

Niet alleen religieuze groeperingen keerden zich tegen bemoeienis van de overheid, ook een deel van de liberalen. In hun ogen moest een neutrale overheid zich helemaal niet willen mengen in de prostitutie, zelfs niet om ziektes te bestrijden. Bezoekers van prostituees moesten het gevaar van hun seksuele daden zelf dragen. Zonder ingrijpen van de overheid zou het bezoek aan een prostituee zo gevaarlijk worden dat een hoerenloper nog wel eens achter zijn oren zou krabben om te gaan.

De vrouwenbeweging had een wat minder fatalistische benadering, maar was ook fel tegen het prostitutiebeleid. Zij zag het gevaar dat bij een bordeelverbod de prostitutie zich naar de straat zou verplaatsen, maar vond dat het leven als straatprostituee te verkiezen was boven het verborgen leven in een bordeel waar de vrouwen als 'blanke slavinnen' werden gehouden. Een van de voorvechters van het bordeelverbod was de al genoemde Aletta Jacobs. Zij zag prostitutie als een schandelijk kwaad. Ze vond het vernederend dat prostituees verplicht waren om zich in hun gemeenten te laten inschrijven en te laten controleren. En dit alleen maar om de gezondheid van de mannen te waarborgen! Jacobs keerde zich tegen de gedachte dat prostitutie nu eenmaal iets van 'alle tijd' was, en iets wat mannen nu eenmaal voor hun 'seksuele gezondheid' nodig hadden: 'Indien dat werkelijk uwe meening is, zijt ge zedelijk verplicht uw dochters voor dit doel beschikbaar te stellen.'[24] Zij stelde cynisch vast dat als prostituees inderdaad de hoedsters waren van de mannelijke gezondheid, zij daar dan een slechte waardering voor kregen. Een prostituee kreeg voor haar 'belangrijke werk' niets dan maatschappelijke verachting.

In 1911 had de tegenbeweging succes. In de nieuwe zedenwet werden bordelen voortaan verboden. Bij de behandeling van de wet waren het niet alleen de christelijke partijen die zich tegen prostitutie uitspraken, ook SDAP'er Hugenholtz hekelde prostitutie vanuit zijn socialistische ideologie. Hij vond het een typisch staaltje van 'kapitalistische uitbuiting'. Ook de liberalen en vrijzinnigen hadden er oog voor dat de prostituees vaak niet uit vrije wil hun vak uitoefenden. Het grootste verschil tussen de christelijke partijen aan de ene kant, en de sociaaldemocraten, vrijzinnigen en liberalen aan de andere kant, was dat die laatste drie niet veel van een verbod verwachtten. Zij redeneerden dat je bordelen wel kon verbieden, maar dat dit niet het einde van de prostitutie zou betekenen. Minister Regout van Justitie beaamde dat. Wetgeving zou de prostitutie niet uit de wereld helpen, maar het was wel een belangrijk signaal: prostitutie was moreel niet aanvaardbaar.

Een ander argument tegen het bordeelverbod was de vrees voor de toename van de raam- en straatprostitutie. De SDAP'er Helsdingen kwam tijdens het debat met een persoonlijke ervaring. Het was hem tijdens een wandeling door Den Haag opgevallen dat er straten waren waar 'bijna huis aan huis prostituées wonen'. Naar aanleiding van die ontboezeming leek er hilariteit te ontstaan in de Kamer. Want hoe wist Helsdingen dat? Hij vervolgde: 'Daar behoeft men geen moeite voor te doen, omdat de prostituées voor de ramen zitten en hen, die er geen erg in hebben, er wel op attent maken, welke gelegenheid daar is.'²⁵ Blijkbaar hadden de dames op de ramen getikt toen hij langskwam. Hij vreesde dat door het bordeelverbod dit soort raamprostitutie een grote vlucht zou nemen.

Een veranderlijke wereld: film en dans

Nadat de zedelijkheidswetgeving tot stand was gekomen bleek al snel dat de wetten niet de gewenste effecten hadden. Via omwegen konden mensen toch aan voorbehoedsmiddelen en pornografie komen. Ook de prostitutie bleef doorgaan, en, zoals voorspeld, meer op straat en achter het raam. Lokale overheden – vooral in de grote steden – gingen ook gewoon door met het reguleren van de prostitutie, bijvoorbeeld door gezondheidscontroles. De meeste politieke partijen, ook die van de christelijke moraal, werden zich er steeds meer van bewust dat het rabiaat verbieden van zaken niet altijd de beste methode was om wenselijk gedrag te stimuleren. Bovendien steeg in de jaren twintig van de vorige eeuw de welvaart. Er was meer te besteden, er was meer vrije tijd, en daardoor gingen steeds meer mensen eropuit voor een verzetje. Met alle 'gevaren' van dien.

Een van de populaire vrijetijdsbestedingen was de film. Jaarlijks werden er tientallen miljoenen kaartjes verkocht en het bioscoopbezoek steeg ieder jaar met 20 procent. In de politiek was er grote bezorgdheid over het 'onzedelijk peil' van deze films. Er werd zelfs beweerd dat een groot deel van de misdrijven die door de jeugd werden gepleegd, te maken had met het geweld dat in de films te zien was. Die vrees kwam niet alleen van religieuze politici maar ook van bijvoorbeeld de Communistische Partij Holland, die vaststelde dat de buitenlandse films bij de jeugd de 'Amerikaanse naaktcultuur' aanwakkerde. Om de boel in goede banen te leiden kwam er een filmkeuring voor jongeren.

Een andere ontwikkeling was 'het dansen'. In de grote steden ontwikkelde zich een nieuw soort uitgaansleven – 'dancings' – waar nieuwe opzwepende muziek werd gespeeld. In 1924 stelde ARP-Kamerlid Duymaer van Twist dat deze oerversie van de huidige discotheken een 'verderfelijke erotiserende werking' had. Hij wilde dat de regering deze 'dancings' aan banden zou leggen. De dancings werden niet verboden, maar wel aan strenge regels onderworpen. In 1934 werd vastgesteld dat de dansvloer maximaal een vierde van de gelegenheid mocht beslaan. Bovendien moest het dansen geleid worden door een 'door de burgemeester geschikt bevonden persoon'. Ook werd vastgelegd dat er per vierkante meter slechts één danspaar aanwezig mocht zijn.

Dit moest voorkomen dat jongeren te dicht op elkaar zouden dansen. Hiermee dacht de overheid onzedelijk gedrag op de dansvloer te kunnen voorkomen.

Maar ondanks deze strenge regels voor de horeca zochten velen de grenzen op van het mogelijke. In 1927 werd in Amsterdam zelfs het eerste homocafé geopend: 't Mandje op de Amsterdamse Zeedijk. Deze kroeg werd scherp in de gaten gehouden. Je kon als café-eigenaar je vergunning al kwijtraken als mensen van hetzelfde geslacht elkaars hand vasthielden of elkaar verliefd in de ogen keken. De eigenaresse van de zaak had daar al snel wat op gevonden. Boven de bar hing een lampje in de vorm van een uil. Als een politieagent of een onbekende het café binnenkwam deed ze dat lampje aan. De gasten wisten meteen wat ze te doen stond. Vrouwen en mannen gingen weer snel door elkaar heen staan en handen werden niet meer vastgehouden.[26] De wet was duidelijk niet in staat om dit soort homoseksueel gedrag te bestrijden.

Drugs en regie: 'Tegen destructief idealisme!'

Niet alleen rond de zeden werd de politiek geconfronteerd met steeds veranderende omstandigheden, ook op het gebied van drugs was dat het geval. Bij het lezen van de debatten over dit onderwerp viel me op hoe anders hierover werd gesproken in vergelijking met de zedenonderwerpen. Waar er bij voorbehoedsmiddelen scherpe ideologische debatten werden gevoerd, overheerste er rond drugs vooral een praktische houding. Niet alleen bij politici van de vrije moraal, maar ook bij die van de christelijke moraal.

Het grootste 'drugsprobleem' in Nederland was nog

steeds het alcoholgebruik. Vooral onder de arbeidersklasse leidde het nog altijd tot ontwrichting van gezinnen. Telkens kwamen politici van zowel de christelijke als de vrije moraal met nieuwe voorstellen om er iets aan te doen. In 1931 werden bijvoorbeeld ook bier en wijn verboden voor jongeren onder zestien jaar.

Andere genotmiddelen speelden in Nederland een kleine rol, of er werd domweg het gevaar niet van ingezien. Tegenwoordig zien we bijvoorbeeld het gebruik van tabak als een van de dodelijkste legale verslavingen, maar dat was nog amper bekend. Hoewel in het parlement al aan het begin van de twintigste eeuw werd uitgesproken hoe schadelijk overmatig roken voor de gezondheid was, zag de overheid geen reden om in te grijpen. Er werd gerookt in fabrieken, in het openbaar vervoer en voor de klas. Roken was zo normaal dat in de jaren dertig een sportverslaggever op de radio een reclamespotje insprak voor een sigarettenmerk. De tekst was: 'Roken is net zo gezond voor de toeschouwer, als sport.'[27] Ondenkbaar nu, maar toen een volstrekt aanvaarde reclame-uiting. Ander drugsgebruik was vooral een dure bezigheid van een kleine bovenlaag en leverde geen vergelijkbare problemen op zoals bij alcohol.

De enige drug waar voor de Tweede Wereldoorlog wel veel over werd gedebatteerd in de Tweede Kamer was opium. Deze drug – qua werking een beetje te vergelijken met methadon en heroïne – was sterk verslavend, maar in de negentiende eeuw legaal en zelfs voor een groot deel in handen van de overheid. In Nederland zelf werd niet veel opium gebruikt, behalve in een aantal grote steden. In Amsterdam bestonden zogenaamde 'opiumkitten' die daar door de Chinese gemeenschap werden uitgebaat. In Nederlands-Indië waren er wel veel verslaafden. De overheid reguleerde de productie van opium daar via een pachtsysteem. Hiervoor moesten de telers aanzienlijke bedragen aan de overheid betalen. Deze Nederlandse aanpak werd het 'regiestelsel' genoemd. De gedachte was dat de overheid directe invloed had op de handel en verkoop van opium, waardoor ze een oogje in het zeil kon houden. Zo zouden de nadelen van het gebruik van opium teruggedrongen worden, gezondheidsrisico's verminderd, en uiteindelijk zou het gebruik van opium moeten teruglopen. De uitgangspunten van dit regiestelsel leken dus sterk op de principes die we nu ook bij het drugsbeleid hanteren. De focus lag op het voorkomen van gezondheidsschade. Sterker nog, de vooroorlogse politici gingen veel verder: ze reguleerden de teelt van bepaalde drugs, iets wat nu onbespreekbaar lijkt.

Het Nederlandse drugsbeleid kreeg ook toen veel nationale en internationale kritiek. Abraham Kuyper schreef in 1881 dat hij gebruik en teelt van opium in Nederlands-Indië een grote morele schande vond: 'Geef desnoods al uw koloniën prijs, dan dat ge u als koloniale mogendheid met zondegeld bezoedelt.'[28] Het was in zijn ogen slecht dat een overheid met de verkoop van dit soort verslavende middelen geld verdiende. Zijn partijgenoot en de latere ARP-premier Hendrik Colijn had daar een andere mening over. Hij vond opiumgebruik niet heel anders dan het drinken van een glas jenever. Colijn had voor zijn werk lange tijd in Nederlands-Indië doorgebracht en daar veel opiumschuivers gezien 'die op bescheiden wijze opium gebruikten, gedurende een tijdperk van twintig jaar en meer, zoals hier te lande de mensen die jarenlang gewoon zijn een bittertje te nemen'. Daar voegde hij aan toe: 'Waar men hier altijd een actie heeft gevoerd alsof het opiumgebruik in elke vorm eigen-

Hysterie bij absint en paddo's

In 2008 verbood de regering paddo's. De manier waarop dat ging leek erg op de wijze waarop een eeuw eerder 'absint' werd verboden. Absint bevatte een zeer hoog percentage alcohol, was groen van kleur en werd aangevuld met een hallucinogene stof. Er waren rond 1909 gevaarlijke vervalsingen in omloop, soms met puur kopersulfaat erin om het drankje nog groener te kleuren. Aanleiding voor het verbod was een vreselijk incident in Zwitserland: een man had zijn familie uitgemoord onder invloed van het drankje. Door de geschokte berichtgeving in Europese kranten werd absint door veel landen verboden. Enkele liberale Kamerleden tekenden bezwaar aan tegen het Nederlandse verbod. Als op elk 'verkeerd gebruik van vrijheid' de overheid naar een verbod zou grijpen, 'dan is het eind der Staatsbemoeiing niet te zien!' Waarom geen wet tegen 'het vervalsen' van absint, werd de regering gevraagd. Dat zou veel effectiever zijn. Voor dat inzicht was geen meerderheid.

Eenzelfde snelle respons na een mediahype vond plaats in 2008 bij het verbod op paddo's. Toen werden hallucinogene paddenstoelen verboden. Deze drug werd maar weinig gebruikt en veroorzaakte relatief weinig problemen. Paddo's werden zelfs legaal geteeld en verkocht in zogeheten 'smartshops'. Dit veranderde nadat een Frans meisje in Amsterdam na het gebruik van paddo's een noodlottige val had gemaakt. In de media doken opeens meer gruwelijke verhalen op. Het meest tot de verbeelding sprak het geval van een man die onder invloed van hallucinogene paddo's zijn hond zou hebben opengesneden om een 'boze geest' uit het dier te bevrijden. Minister Klink (CDA) besloot de paddo's meteen te verbieden. Dit terwijl zijn belangrijkste adviesorgaan zei dat het beter was eisen te stellen aan de leeftijd van de koper en de dosering van de hallucinogene stof. Het verbod had nog wel een staartje. Het verhaal over de opengesneden hond bleek niet juist, en door het paddoverbod dreigden natuurorganisaties als Staatsbosbeheer en Natuurmonumenten in één klap criminele organisaties te worden. De verboden paddenstoelen groeiden namelijk gewoon in de natuur. De regering haastte zich te stellen dat het paddoverbod natuurlijk niet voor de bossen gold. Inmiddels zijn in de smartshops weer allerlei nieuwe paddenstoelen en truffels te koop, die niet op het lijstje van verboden middelen staan.

In 2005 werd absint overigens weer gelegaliseerd. En precies zoals het al in 1909 was bepleit: keurig gereguleerd. De samenstelling is aan strenge eisen gebonden en de drank mag niet aan personen onder de achttien verkocht worden. Door de gestelde regels zijn de risico's – die er nog steeds zijn – beperkt.

lijk een misdaad ware, een alles verwoestend element, daar ben ik van oordeel dat men in dit opzicht zeer overdrijft.'[29]

In het buitenland werd het debat over opium veel heviger gevoerd. In China was de opiumverslaving zelfs zo'n groot probleem dat het de economische groei van het land afremde. In 1906 belegde Theodore Roosevelt, de toenmalige president van Amerika, een conferentie in Den Haag om de productie en handel van opium internationaal te verbieden. Geen enkel land, behalve Amerika zelf, zag daar iets in. Amerika was sowieso een buitenbeentje, en voer een ware kruistocht tegen alles wat maar naar drugs en drank rook. In 1919 voerde het land zelfs de zogenaamde 'drooglegging' in. Het brouwen, verhandelen en gebruik van alcohol werd verboden. Dit om het alcoholmisbruik te bestrijden. De handel in drank verhuisde naar het illegale circuit. Het zorgde voor een enorme groei van de georganiseerde misdaad, en vele duizenden doden als gevolg van sterk vervuilde alcohol. In 1933 werd het verbod daarom weer teruggedraaid. Het Amerikaanse experiment van de drooglegging wordt tot op de dag van vandaag aangehaald om aan te tonen dat het domweg verbieden van drank en drugs niet werkt, en zelfs meer schade veroorzaakt.

Nederland had dus duidelijk een geheel andere benadering dan Amerika wat betreft opium. Andere landen steunden onze visie hierin. Het Nederlandse 'regiemodel' werd als beste vorm van regulering beschouwd. De internationale gemeenschap besloot het Amerikaanse voorstel om opium geheel te verbieden niet te steunen, en landen hielden hun zeggenschap over de wijze waarop ze met opium wilden omgaan. Nederland ging wel steeds strengere voorwaarden stellen. Alleen actieve gebruikers kregen een vergunning op basis van een doktersverklaring waarin stond dat er sprake was van verslaving. Verder stelde men een maximum aan de hoeveelheid opium die maandelijks gekocht mocht worden. Opvallend was dat door deze regels de illegale verkoop van opium sterk toenam. Om de boel in de hand te houden werd daarom eind jaren twintig het vergunningenstelsel in Nederland juist weer versoepeld.[30]

Amerika, intussen, vocht tijdens internationale congressen nog steeds voor een totaalverbod op opium. Het hoofd van de Nederlandse delegatie bij de internationale drugsconferenties noemde in de jaren twintig die Amerikaanse houding ten aanzien van drugs 'destructief idealisme'. Een wereld zonder drugs was volgens hem een mooi maar onbereikbaar ideaal. Het was zelfs schadelijk, want door alleen maar met 'verbieden' bezig te zijn vergat Amerika praktische gezondheidsproblemen aan te pakken.

In de Tweede Kamer waren niet alle politieke partijen het hiermee eens. De versoepeling van het vergunningenstelsel lag onder vuur, net als de inbreng bij de internationale opiumconferenties. Met name de socialistische SDAP was fel tegen. Zij verweet de regering er tegenstrijdige belangen op na te houden. Want maakte de regering niet 'exorbitante winsten' op de opiumhandel? Minister Beelaerts van Blokland ontkende dit. Met enige trots citeerde hij in het Kamerdebat zelfs een Amerikaanse hoge diplomaat die juist zeer positief was over de Nederlandse aanpak. Die benoemde het Nederlands 'regiestelsel' opnieuw als 'meest efficiënt, praktisch en flexibel'. Het Nederlandse overheidsmonopolie op de teelt en verkoop van drugs zou de 'enige redelijke wijze waarop het probleem van opiumgebruik kan worden aangepakt' zijn. De minister vond een totaalverbod onwerkbaar: het zou leiden tot corruptie en ondergrondse handel. Hij riep de socialisten op tot meer nuchterheid: 'Al ziet alles er op papier nog zoo aardig uit, het is in de praktijk niet zoo eenvoudig te verwezenlijken.'[31] Zo krampachtig als er tegenwoordig met regelgeving van drugs wordt omgesprongen, zo realistisch was de regering toen.

Andere geestverruimende middelen waren nog geen politiek issue. Tijdens een Opiumconferentie in 1923 stemde de Nederlandse delegatie wel in met een beperking van de handel in cannabis, maar ze zei er wel bij niet precies te weten waarom dat nodig was. Tegelijkertijd waren de meeste middelen die we nu harddrugs noemen redelijk makkelijk verkrijgbaar. Cocaïne werd in de geneeskunde gebruikt, maar ook gezien als middel om opium-, morfine- en alcoholverslaving te bestrijden. Nederland speelde bovendien in Nederlands-Indië een grote rol in de cocaïneproductie. In 1900 werd in Nederland zelfs een cocaïnefabriek opgericht die een groot deel van de wereldwijde cocaïneproductie voor haar rekening nam. Steeds duidelijker werd dat cocaïne ook tot grote verslavingsproblemen kon leiden. In 1928 voerde Nederland daarom een certificatiestelsel in, waardoor cocaïne alleen nog maar voor medische doeleinden verhandeld mocht worden.

...En opeens een totaalverbod op drugs

Zo praktisch als de regering voor de Tweede Wereldoorlog was, zo snel sloeg dat om na de Tweede Wereldoorlog. Tot de jaren zestig was er weinig te doen rondom drugsgebruik. Toch veranderde de regering begin jaren zestig radicaal van koers in het drugsbeleid.

Na de Tweede Wereldoorlog had Amerika zijn felle strijd tegen drugs niet opgegeven. Het land had bovendien veel aan macht in de wereld gewonnen en wist er een omvangrijke internationaal antidrugsverdrag doorheen te krijgen. In 1960 kwam in New York het zogeheten Enkelvoudig Verdrag van de Verenigde Naties tot stand. Daarin werden allerlei internationale afspraken gemaakt over de handel en het gebruik van drugs. Het doel van dit verdrag was om verdovende middelen enkel nog te gebruiken voor genees-kundige en wetenschappelijke doeleinden. Drugs voor 'persoonlijk gebruik' moesten worden verboden. Hoewel Nederland voor de oorlog tegenstander van zo'n beleid was, leek het verzet verdwenen. Nederland had inmiddels Nederlands-Indië als kolonie verloren en was daarmee de directe link met de opiumproductie en handel kwijt. Na de oorlog had Amerika bovendien druk uitgeoefend op de landen die het financieel steunde in de wederopbouw. Ne-derland schikte zich naar deze Amerikaanse wens en gaf het akkoord voor het verdrag.

In de Tweede Kamer was er ook nauwelijks aandacht voor deze grote omslag. Toen in 1964 het verdrag door de Kamer werd behandeld was er welgeteld één Kamerlid dat het woord vroeg. Het sociaaldemocratische Kamerlid Lamberts informeerde, met enige schroom, of het wel juist was dat alle drugs over één kam werden geschoren. Hij nam cannabis als voorbeeld en haalde het befaamde internationale medische tijdschrift *The Lancet* aan. Volgens dat blad zou cannabis een heel andere werking hebben dan drugs als opium en co-caïne. Het indelen van cannabis bij heroïne en cocaïne zou dus onjuist zijn, citeerde Lamberts. De regering weigerde te onderzoeken of het wel verstandig was jonge mensen voor het bezit en het gebruik van cannabis te vervolgen. Het ver-drag werd met algemene stemmen aangenomen en is nog steeds bepalend voor ons drugsbeleid.[32] Al heel snel zou blijken dat dit voor veel praktische problemen zou zorgen.

De jaren zestig: de moraal ontmanteld?

Bij het doorlezen van de verslagen van de eerste honderd jaar seks- en drugsdebatten in het parlement valt op hoe herkenbaar de dilemma's steeds zijn. De debatten tonen ook een aantal verrassende inzichten. De gedachte dat Nederland altijd zeer conservatief was en pas in de jaren zestig helemaal veranderde blijkt in ieder geval niet juist. Zo was het nu zo beruchte 'liberale drugsbeleid' eigenlijk al voor de Tweede Wereldoorlog bedacht. Door voornamelijk christelijke politici, nota bene! Wat betreft de zedenwetgeving was Nederland al vanaf het begin van de negentiende eeuw, samen met Frankrijk en België, een van de meest vrije landen.

Toch was er grote schroom om deze onderwerpen te bespreken, vooral rond het onderwerp seks. Bij de debatten in de Tweede Kamer verklaarden Kamerleden deze met 'lood in de schoenen' te voeren. Er werd zelfs gevreesd dat het openlijk spreken over de 'zonde' het verkeerde gedrag alleen maar zou aanwakkeren. Het Nederland dat 's avonds de gordijnen openhield om te tonen dat er niks zondigs gebeurde in de huiskamer, wilde eigenlijk liever dat deze onderwerpen onbesproken bleven. Aan die houding kwam in de jaren zestig pas echt een einde.

Door de geboortegolf na de Tweede Wereldoorlog was er een steeds grotere groep jongeren die zich in de samenleving manifesteerde. De toenemende welvaart en de ruime mogelijkheden om onderwijs te genieten zorgden voor een meer zelfbewuste generatie. Popmuziek, radio en televisie openden voor veel jongeren een wereld die eerder gesloten bleef. Schrijvers als Jan Cremer, Jan Wolkers en Gerard van het Reve doorbraken taboes rond seksualiteit en zorgden regelmatig voor heftige debatten in de media. In de bioscoop waren inmiddels films te zien die het nog steeds bestaande pornoverbod provoceerden. In de jaren zestig en zeventig werd er onder jongeren en in de media breeduit gediscussieerd over nieuwe, vrije relatievormen. Alle taboes kwamen aan bod. Driehoeksrelaties, partnerruil, biseksualiteit, naaktrecreatie – niets was te gek. Hoewel de meeste jongeren veel gematigder opvattingen hadden dan de kleine groep die hierover stampij maakte, konden ook zij profiteren van een aantal bevochten vrijheden.

Deze grote maatschappelijke veranderingen bleven in de politiek niet onopgemerkt. Het debat werd letterlijk opengebroken. Die omslag is niet beter te illustreren dan met een verkiezingsposter uit 1971 van de zeer linkse Pacifistische Socialistische Partij (PSP). Die partij maakte furore met een poster waarop een poedelnaakte vrouw, met weelderig schaamhaar en gespreide armen, in een weiland stond. Het onderschrift was: 'Ontwapenend'. Een groter contrast met de manier waarop de politiek eerder sprak over onderwerpen als seks was haast niet denkbaar.

Waar de PSP koos voor een wel heel expliciete manier om openheid te propageren, maakten ook andere niet-religieuze partijen zich hier sterk voor. Zo had de sociaaldemocratische PvdA (de opvolger van de SDAP) onder premier Willem Drees in de jaren vijftig een burgerlijk en sober imago verworven. Jonge partijleden wilden dat veranderen. De PvdA moest opkomen voor seksuele ontplooiing en zich keren tegen morele bevoogding. Onder leiding van PvdA-leider Joop den Uyl werd benadrukt dat religieuze uitgangspunten niet aan anderen mochten worden opgedrongen. Den Uyl symboliseerde dat door in 1974 de aloude verwijzing naar God in de Troonrede te schrappen: 'Men mag God niet opdringen aan mensen die Hem niet erken-nen.'[33]

Bij de liberale vvd (de opvolger van de Liberale Unie) botste het chique, oude kader ook met de meer vrije stro-mingen. Aan het liberale kamp werd in 1966 zelfs een nieu-we vrijzinnige partij toegevoegd: D66, die sterke gelijkenis vertoonde met de vooroorlogse Vrijzinnig Democratische Bond. Ook zij pleitte voor een hervorming van de drugs- en zedenwetgeving.

Maar er was ook veel beweging in het kamp van de 'chris-telijke moraal'. Door de ontkerkelijking nam de vanzelfspre-kende macht van de christelijke partijen steeds meer af. In 1901 hadden deze partijen nog de meerderheid in de Kamer, maar hun aanhang was inmiddels flink geslonken. De pro-testants-christelijke partijen arp en chu en de Katholieke Volkspartij (de opvolger van de Rooms-Katholieke Staats-partij) zouden later zelfs fuseren tot één christendemocrati-sche partij: het cda. Binnen de protestantse kerken werd intussen gediscussieerd over echtscheiding, voorbehoeds-middelen en de 'homoseksuele medemens'. De rooms-katholieke kerk sprak ook over modernisering van hun stren-ge regels. Die discussies hadden een onmiddellijk effect op de stellingname van de christelijke politieke partijen in de Twee-de Kamer. Hoewel de kleine orthodox-christelijke Staatkun-dig Gereformeerde Partij (sgp), het Gereformeerde Politiek Verbond (gpv) en later ook de Reformatorisch Politieke Fe-deratie (rpf) zich bleven verzetten tegen nieuwe inzichten rond seksualiteit, worstelden de meer gematigde christelijke partijen duidelijk met het thema. Zij begrepen dat een aantal oude standpunten niet meer te handhaven was. Maar bete-kende toegeven aan de nieuwe maatschappelijke krachten niet het einde van de moraal?

Taboes razendsnel afgebroken: 'de pil'

Ondanks het interne debat schermden de meeste christelijke partijen tijdens verkiezingscampagnes nog steeds met de claim dat alleen bij hen normen en waarden te halen waren. Bij een stem op een niet-religieuze politieke partij zou het 'christelijk denken in Nederland in gevaar komen',[34] waarschuwden ze. Deze campagneleuzen behoorden al heel lang tot het vaste repertoire van de christelijke partijen, en net zo vaak bleken deze partijen na de verkiezingen een stuk praktischer.

Dat bleek bijvoorbeeld bij het afschaffen van het verbod op de verspreiding van voorbehoedsmiddelen. In 1911 was dat verbod het grootste ideologische conflict geweest tussen de 'vrije moraal' en de 'christelijke moraal', maar van die scherpe tegenstelling was weinig meer over.

In de praktijk werd het verbod al door velen omzeild door onder de toonbank voorbehoedsmiddelen te kopen en te verkopen, maar in 1962 werd de wet definitief door de praktijk ingehaald. In dat jaar werd de pil geïntroduceerd. Het middel werd in de markt gezet als een manier om de 'vrouwelijke cyclus te reguleren', zodat vrouwen minder last zouden hebben van hun menstruatie. Dat je door deze pil tijdelijk onvruchtbaar werd – en dat hij dus als voorbehoedsmiddel werkte – was zogenaamd 'een bijwerking'.

De pil werd in korte tijd razend populair en bereikte grote delen van de bevolking. De seculiere partijen wilden dat de wet uit 1911 tegen verspreiding van voorbehoedsmiddelen zo snel mogelijk werd geschrapt. De KVP en de ARP hadden daar geen haast mee, maar de CHU koos openlijk partij voor een snelle afschaffing. Het was in haar ogen niet goed als wetten niet meer aansloten bij de gedachtegang die 'mag worden geacht de heersende te zijn'. De christelijke partijen vonden wel dat de pil bestemd was voor seks binnen het huwelijk,[35] maar konden dat natuurlijk niet afdwingen. In 1969 werd de pil officieel toegestaan als voorbehoedsmiddel. In 1971 volgde het legaliseren van condooms.

Ook het wettelijke verschil tussen hetero- en homoseksualiteit sneuvelde snel. Zoals al werd verwacht bij de behandeling van de Zedenwetgeving in 1911, was door de ongelijke behandeling het zelfbewustzijn van homoseksuelen toegenomen. Vrijwel alle partijen erkenden dat homoseksualiteit aangeboren was en zagen het niet langer als een 'ziekte'. Vooral de streng christelijke partijen als de SGP bleven zich verzetten tegen de toename van 'homofilie'. Vooral het 'praktiseren' van homoseksuele liefde moest in hun ogen nog steeds worden afgekeurd. In 1971 werd de ongelijke behandeling van de minimumleeftijd uit 1911 afgeschaft. Het onderwerp homoseksualiteit werd vanaf die tijd in de Kamer niet meer als zedenkwestie behandeld, maar als een emancipatiekwestie. Later, eind jarig zeventig, pleitte onder meer de VVD er zelfs voor om de gelijkheid van homo's ook in het eerste artikel van de grondwet op te nemen. De regering achtte daar de tijd nog niet rijp voor.

In 1971 kwam ook vrijwel geruisloos een einde aan het merkwaardige wetsartikel dat overspel strafbaar stelde. De wet was – zoals bij de invoering al voorspeld werd – nauwelijks toegepast.

Dilemma's bij porno: 'Funeste werking op medewerkende jongeren'

Op veel punten waren de grote christelijke politieke partijen en die van de vrije moraal behoorlijk naar elkaar toe geschoven. Maar er waren nog genoeg onderwerpen waar hevige debatten over gevoerd werden. Dat was in ieder geval aan de hand bij het vrijgeven van pornografie. Voor Kamerlid Van Dis van de SGP was zo'n legalisering van porno een gruwel. In andere landen, zoals Denemarken, was pornografie al legaal, en Van Dis wilde die kant zeker niet op. Hij vond Denemarken geen democratie meer, maar een 'Demon-cratie', 'waar de geesten uit de afgrond, erop uit zijn een volk in zedelijk verderf te slepen'. Andere christelijke partijen waren genuanceerder. Kamerlid Diepenhorst van de ARP legde in bloemrijke taal uit dat het lichaam best gezien mocht worden, en dat de preutsheid uit het verleden misschien wel wat overdreven was. Hij herinnerde zich: 'Het was vroeger werkelijk niet vast te stellen, of een meisje enkels had of niet; dit is tegenwoordig zichtbaar.' Hij vond dat het lichaam best 'bekoord' mocht worden en dat dit niet op 'een kleinsteedse provinciale wijze' hoefde te worden bedekt.[36] Toch vond hij dat 'een zekere geestelijke properheid' noodzakelijk was. Het 'rauwelijks schrappen' van het pornoverbod kon zijn steun dan ook niet krijgen. De KVP zag de groeiende populariteit van porno als een teken van 'vergroving en ontmenselijking van de samenleving'. Van de christelijke partijen worstelde de CHU nog het meest met het pornoverbod: 'Zou de verspreiding van "randpornografie", van foto's en geschriften, niet aanmerkelijk dalen als de spanning van het verbod eraf was? Adam en Eva leerden ons immers al dat het verbodene altijd bijzonder aantrekkelijk is!'[37]

De partijen van de vrije moraal worstelden ook. Het vrijgeven van voorbehoedsmiddelen, de gelijkstelling van hetero's en homo's en het schrappen van het verbod op overspel was voor hen een uitgemaakte zaak. Maar bij porno werden wel degelijk dilemma's gevoeld. In principe waren partijen als de PvdA, de VVD en D66 voorstander van het opheffen van het pornoverbod. De VVD grapte dat het bekijken van porno zelfs 'een heilzaam effect kan hebben op slapeloosheid'. Toch was VVD-woordvoerder Geertsema niet zonder zorgen. Het bekijken van porno kon volgens hem niet zoveel kwaad, maar het maken ervan wel. Mensen die in dit soort films optraden zouden uitgebuit kunnen worden en dezelfde emotionele schade kunnen oplopen als vrouwen en mannen in de prostitutie. Hij vond 'dat die invloed veel funester zou zijn dan die welke uitgaat van het zien of lezen van pornografie door jongeren'.

De overheid wilde intussen niet stilzitten bij de groeiende aantallen pornobioscopen. De katholieke minister Van Agt legde in de wet vast dat pornobioscopen maximaal 49 zitplaatsen mochten hebben. Maar daarmee was de kous niet af. Er bleef discussie over wat nu de grens was tussen normale erotiek en pornografie. In de Kamer werd Van Agt zelfs gevraagd of hij het verschil kon uitleggen tussen 'softe' en 'harde' porno. Een vraag waar hij liever niet in detail op in wilde gaan. Hij liet dat aan de bioscoopexploitanten die 'met veel ophef en bombarie' reclame maakten voor de harde pornofilms die er gedraaid werden. Door deze onduidelijkheid was het vaak vrij eenvoudig om onder de wetgeving uit te komen.

De jaren na de legalisatie van pornobioscopen en seksshops stond de porno-industrie niet stil. Door de introductie van de videorecorder konden mensen via de videotheek

Het drama van Linda Lovelace

In 2008 wilde de jongerenomroep BNN de film *Deep Throat* uitzenden. Deze film uit 1972 wordt gezien als een van de meest succesvolle pornofilms aller tijden. Het programma *Spuiten en Slikken* – het seks- en drugsprogramma van BNN – wilde hier aandacht aan besteden. De uitzending van de film zorgde voor veel beroering. Hoofdrolspeelster Linda Lovelace had eerder verklaard dat ze tot 'acteren' in de film gedwongen was. Elke keer dat de film vertoond werd, ervoer ze dit als een nieuwe verkrachting. Ze wilde het liefst dat de film nooit meer zou worden vertoond.

De lezing van Lovelace – die overigens al in 2002 was overleden – was door de makers van de film altijd tegengesproken. Ze zou volledig vrijwillig hebben meegewerkt. Lovelace was bekeerd tot een strenge kerk en wilde nu haar straatje schoonvegen, meenden zij.

Ik vond dat het BNN vrijstond om de film uit te zenden. Maar het verwijt aan het adres van Linda Lovelace vond ik niet zo sterk. Want al zou het waar zijn dat ze inderdaad vrijwillig had meegedaan, had ze dan niet het volste recht om van mening te veranderen? Dat ze de wens uitsprak om die film te verbannen was vanuit menselijk oogpunt best te begrijpen. Het leek me voor haar verschrikkelijk om de rest van haar leven vast te zitten aan een ooit gemaakte keuze. BNN was in ieder geval zo wijs om ook aandacht te besteden aan de donkere kanten van de porno-industrie en het tragische verhaal van Linda Lovelace.

pornofilms huren en thuis bekijken. Videotheken mochten deze films weliswaar niet aan minderjarigen verhuren, maar voor de rest werd het bekijken ervan als een privézaak gezien. In 1986 kwamen er bovendien telefoonnummers beschikbaar waar bedrijven diensten mee konden aanbieden. Meteen dook ook de seksindustrie hierop. Via 06-lijnen kon tegen betaling onder meer naar seksverhalen geluisterd worden. Bij deze lijnen werd het al helemaal onmogelijk om de wettelijke minimumleeftijden te handhaven. De 06-lijnen waren nog maar een voorbode van een veel grotere ontwikkeling die zich in de jaren negentig ging aandienen: internet. Voor politici van zowel de 'christelijke' als de 'vrije moraal' werd het steeds lastiger om deze ontwikkelingen via wetten en regels te reguleren, laat staan te verbieden.

Dilemma's bij drugs: 'Een kreupel paard'

In 1970 vond het Holland Popfestival plaats in het Kralingse Bos in Rotterdam. Het was een van de eerste grote popfestivals in Nederland. De voorspelling was dat de bezoekers cannabis en andere soorten illegale drugs zouden gebruiken. De politie besloot echter niet in te grijpen. De gedachte was dat drugsgebruik niet altijd een probleem hoefde te zijn, en dat ingrijpen meer kwaad dan goed zou doen. Deze keuze van de politie wordt gezien als de start van het gedoogbeleid ten aanzien van drugs. Het gedogen gebeurde hier nog in de letterlijke zin van het woord: het door de vingers zien van een wetsovertreding.

Eerst werd het gebruik van alle drugs – van lichte tot zware – gedoogd. Maar dit bleek al snel onwerkbaar. Zo werd het gebruik van heroïne en de rookbare variant van cocaïne (crack) een groot probleem. Heroïne is gemaakt van het klassieke opium, maar veel sterker in effect. Waar het gebruik van opium in Nederland voor de oorlog maar weinig problemen opleverde, werd het heroïnegebruik wel steeds zichtbaarder. In het straatbeeld van de grote binnensteden doken heroïnejunks op, die daar zwaar verslaafd en verwaarloosd rondhingen. Heroïne werd bovendien steeds makkelijker verkrijgbaar doordat de aanvoerlijnen naar Europa zich verplaatsten naar Nederland. Een bijkomend probleem was dat heroïne vaak makkelijk te verkrijgen was bij dealers die ook relatief milde drugs als cannabis verkochten. Daardoor werd het wel heel gemakkelijk om van cannabis over te stappen op heroïne.

Al heel snel werd ingezien dat het niet de oplossing was het drugsgebruik op z'n beloop te laten. Sterk werkende drugs moesten gescheiden worden van de lichtere soorten. Opvallend was dat de gereformeerde ARP hierin het voortouw nam: zij was zelfs voorstander van gehele legalisatie van cannabis. In 1972 had een speciale commissie van de partij bedacht dat 'verantwoord gebruik van cannabis mogelijk is' en dat regulering meer opleverde dan een verbod. Het advies van de partij was om cannabis net zo te behandelen als alcohol, en het gebruik op dezelfde manier te regelen. De teelt en de verkoop zouden een staatsmonopolie worden.

In 1976 veranderde minister Van Agt (Justitie) de Opiumwet waarin een grens werd aangebracht tussen zogenaamde soft- en harddrugs. Voortaan werd cannabis als een softdrug gezien, en sterkere drugs zoals heroïne als een harddrug. Harddrugs zouden voortaan weer hard worden aangepakt, softdrugs kregen een mildere behandeling. Het formeel legaliseren van cannabis durfde Van Agt nog niet aan. Dat zou volgens hem botsen met de internationale verdragen. Door de politie opdracht te geven om geen 'prioriteit' te geven aan de vervolging van gebruik en verkoop van softdrugs brak Van Agt formeel niet met die internationale afspraak, maar kon cannabis via een omweg gereguleerd worden. Voortaan mocht je een beperkte hoeveelheid cannabis in je bezit hebben voor 'persoonlijk' gebruik. Een slimme truc om internationale problemen te voorkomen en toch een praktisch drugsbeleid te voeren.

De vvd, D66, PvdA, ppr en arp waren redelijk tevreden met het voorgestelde beleid van Van Agt. De kvp, chu en de orthodox-christelijke partijen bleven tegenstander. Deze partijen wilden best geloven dat cannabis misschien niet gevaarlijker was dan legale producten als tabak en alcohol, maar zij vonden dat geen reden om cannabis dan ook maar toe te staan: als dat nu ook uit de taboesfeer werd gehaald, zou het sociaal net zo geaccepteerd worden als alcohol en tabak. De andere partijen zagen op hun beurt ook de gevaren van cannabisgebruik. Zij vroegen uitdrukkelijk naar het cannabisgebruik onder scholieren en wilden bescherming van de jeugd. Maar voor volwassenen moest cannabis beschikbaar kunnen zijn. De PvdA vond het vreemd dat iemand wel '100 flessen jenever of 100 sigaretten in zeer korte tijd mocht consumeren' maar geen cannabis, 'terwijl dat veel minder schadelijk is'. De linkse ppr (voorloper van GroenLinks) vond dat cannabis uit de 'taboesfeer en strafrechtsfeer' moest worden gehaald. Daarna zou het via overheidscampagnes ontraden moeten worden, net zoals dat bij alcohol en tabak gebeurde. De overheid moest niet verbieden, hooguit afraden. [38]

Het compromis van Van Agt kreeg ook kritiek uit het kamp van de 'vrije moraal'. D66-Kamerlid Imkamp vond het een gemiste kans dat Van Agt niet ook de handel en de teelt op een nette manier regelde. Imkamp voorspelde dat als je die op z'n beloop liet, je al snel in de problemen zou komen: 'Het is net zoiets als een kreupel paard. Je moet ermee op pad, maar je komt er niet ver mee; het paard loopt tergend langzaam.' Met al deze kanttekeningen werd het voorstel van minister Van Agt aangenomen. Nederland werd daarmee het eerste land dat het gebruik van cannabis op deze openlijke wijze regelde. Aangemoedigd door de christelijke ARP, uitgevoerd door de rooms-katholieke Van Agt dus.

Het cannabisbeleid vertoonde na de invoering helaas al snel de voorspelde kreupele trekken. Dat de verkoop en het bezit wel geregeld waren, maar de handel niet, werd al snel een groot probleem. Was de cannabishandel in de jaren zeventig nog redelijk amateuristisch georganiseerd, in de jaren tachtig werd die steeds professioneler. Cannabis werd op grote schaal verkocht in 'coffeeshops' die als paddenstoelen uit de grond schoten in de binnensteden. De georganiseerde misdaad zag in de cannabisteelt en -handel een gouden bron van inkomsten. Door de vermenging van de legale wereld en de onderwereld werden de problemen met zwart geld en criminaliteit steeds groter.

Door deze ontwikkelingen werd het cannabisbeleid steeds verder aangescherpt. Er kwamen nieuwe regels. Vanaf 1992 werden er steeds strengere criteria opgesteld voor coffeeshops. Die werden voortaan alleen nog ontzien door de politie als ze geen overlast veroorzaakten, geen andere (hard)drugs of alcohol verkochten, als ze niet aan jongeren onder de zestien leverden en als ze geen reclame maakten voor de verkoop. Alleen onder die voorwaarden kon een coffeeshop worden uitgebaat. Maar zelfs met die nieuwe regels bleven er nog genoeg problemen over.

Dilemma's bij vrije seks: 'Blijf van mijn lijf!'

De jaren zestig en zeventig worden regelmatig afgebeeld als jaren van 'vrije seks'. En inderdaad: veel meer dan daarvoor werd er openlijk gesproken over alternatieve relatievormen, seksualiteit en experimenten. Ook op de radio en tv was er volop aandacht voor deze thema's. Maar anders dan tegenwoordig wel wordt beweerd was er in de jaren zestig en zeventig al veel oog voor de dilemma's rond seksualiteit.

Met name de vrouwenbeweging wilde de seksuele revolutie al vroeg aangrijpen om de seksuele onafhankelijkheid van de vrouw te bepleiten. Na aanvankelijk positief te zijn geweest over de seksueel bevrijdende werking van porno, verzette ze zich al begin jaren zeventig steeds meer tegen de porno-industrie. Zij vond die in toenemende mate liefdeloos en gewelddadig en stelde dat de vrouw hierin alleen maar nuttig leek om de lusten van de man te bevredigen. Behalve dat de vrouwenbeweging kritiek uitte op de porno-industrie ondernam ze actie tegen geweld tegen vrouwen. In blijf-van-mijn-lijfhuizen konden vrouwen terecht die door hun mannen werden mishandeld. Ook pleitten de vrouwenbeweging en de 'vrije' politieke partijen voor het hard aanpakken van de wetgeving op het gebied van seksuele intimidatie en verkrachting.

Tegelijk werd er gepleit voor meer vrijheid voor seks die wél gewenst was. De wettelijke minimumleeftijd voor seksueel contact was zestien jaar, maar was dat niet te oud? De leeftijd waarop de meeste jongeren in de puberteit komen ligt rond de twaalf jaar, en werd gezien als een veel natuurlijker moment om seksueel vrij te zijn. Zolang pubers maar zelf kozen voor de seks was er niets aan de hand, was de gedachte. Deze visie op jongeren stond niet op zichzelf. In de jaren zeventig en tachtig werd vrij algemeen gesteld dat jongeren al op veel jongere leeftijd verantwoordelijkheden konden dragen. In 1971 werd bijvoorbeeld de leeftijd om te mogen stemmen verlaagd van eenentwintig naar achttien. Jongeren werden op steeds jongere leeftijd in staat geacht over belangrijke zaken te kunnen beslissen, dus ook over seks.

Bij de discussie over leeftijden kwamen ook andere taboes ter sprake, zoals seks van volwassenen met minderjarigen. Dat leverde, met de wetenschap van nu, soms bizarre pleidooien op. Zo verscheen in 1978 PvdA-senator Brongersma in een VARA-televisieprogramma, die zeer open sprak over zijn pedofilie en pleitte voor een verlaging van de minimumleeftijd voor seksueel verkeer. Zolang er maar sprake was van wederzijdse vrijwilligheid moest dit kunnen, stelde hij. De regering besloot een commissie onderzoek te laten doen naar al deze vraagstukken.

Pas in 1990 debatteerde de Tweede Kamer over de uitkomsten van dat rapport. Er kwamen strengere straffen tegen seksuele intimidatie en het ongewenst seksueel 'binnendringen' in het lichaam van iemand anders. Met name jongeren moesten beter worden beschermd. Seks moest altijd vrijwillig zijn en mocht niet worden afgedwongen door familie of anderen die macht over je konden uitoefenen, zoals een arts of een leraar. In 1984 was al bepaald dat kinderporno, anders dan 'normale porno', niet gelegaliseerd werd, en in deze wet werd ook kinderprostitutie harder bestraft.

Een ander heikel punt was het strafbaar stellen van verkrachting binnen het huwelijk. De streng christelijke SGP en de RPF zagen er weinig heil in. Kamerlid Leerling, fractievoorzitter van de RPF, vond onvrijwillige seks *buiten* het huwelijk en onvrijwillige seks *binnen* een huwelijk niet vergelijkbaar. In zijn visie hadden mensen die getrouwd waren 'hun zelfstandige positie' opgegeven, wat 'onderlinge verplichtingen schept, ook in seksueel opzicht'. Hij vond dat huwelijkspartners elkaar hebben beloofd 'voor elkaar en van elkaar te zijn, waarbij geen rechten worden opgeëist, maar verlangens worden vervuld'. Hij vergeleek het met voorrangsregels in het autoverkeer: 'Voorrang neem je niet, maar je verleent die aan een medeweggebruiker.' Deze opmerkingen kwamen hem op felle reacties van andere partijen te staan. Ook de grootste christelijke partij, het CDA, kon zich niet vinden in de redenering van de RPF. Zij vond dat de 'beschermingswaardigheid van de vrouw' en 'seksuele wilsvrijheid' voorop moesten staan. Dat dit soms lastig te bewijzen was deed niets af aan het belang dat dit wettelijk werd vastgelegd.

Naast hogere straffen tegen misbruik werd er op andere punten meer seksuele vrijheid voorgesteld. Zo werd de seksuele leeftijd bijgesteld naar twaalf jaar. Een eerdere poging daartoe van minister van Justitie Korthals Altes (VVD) zorgde voor veel commotie. In de media waren inmiddels veel verhalen naar buiten gekomen over seksueel misbruik van jongeren door ouders of familieleden. Naast deze incestschandalen doken er steeds vaker verhalen op over seksueel misbruik binnen de kerk. In 1990 zou de opvolger van Korthals Altes, minister van Justitie Hirsch Ballin (CDA), het voorstel aangepast indienen. Jongeren werden vanaf twaalf jaar seksueel vrij, behalve als zijzelf of hun ouders een klacht zouden indienen in het geval van ongewenste seks.[39] De gedachte hierachter was om jongeren vooral onderling wat meer vrijheid te geven. Een jongen van zestien die vrijt met zijn vriendin van vijftien pleegde volgens de oude wet formeel een zedenmisdrijf. Door de wet te versoepelen werden dat soort situaties voorkomen.

Hirsch Ballin had steun voor zijn plannen in de Kamer, maar leek het niet te kunnen laten om – in de lange traditie van de christelijke moraal – de voorstanders van meer seksuele openheid de les te lezen. Hij stelde dat de eerste golf van seksuele emancipatie meer seksuele vrijheid had bedongen, maar dat er daarna pas echt aandacht kwam voor de misstanden die deze vrijheid opleverde. Die misstanden werden onder de 'mantel der dubieuze liefde' bedekt, oordeelde hij. Kamerlid Andrée van Es (GroenLinks) reageerde scherp op die bewering van Hirsch Ballin. Het was volgens haar juist te danken aan de openheid over seksualiteit dat misbruik eindelijk aandacht kreeg. Door het taboe rond seks durfden mensen vroeger niet naar buiten te treden, zelfs niet bij geweld en misbruik. Nu durfden zij dat wel. Van Es: 'Mijn stelling is dat alles wat er nu boven tafel komt aan seksueel geweld en intimidatie, aan seksueel misbruik en de mate waarin dat voorkomt, nooit boven tafel zou zijn gekomen zonder de liberalisering van de seksuele moraal. Waarom? Omdat vrouwen en jongeren op basis van die liberalisering en de veranderende opvattingen over seksualiteit eindelijk toekwamen aan de gedachte dat seksuele zelfbeschikking er ook voor hen is!'[40] Openheid over seksualiteit was volgens haar dus een belangrijke voorwaarde om misbruik tegen te gaan. De minister haastte zich om mevrouw Van Es hierin gelijk te geven.

De normen van Paars: 'Ziet u nou wel dat u het kunt'

In 1994 waren er nieuwe verkiezingen. Er hing een grote verandering in de lucht. Het was de tijd dat ik zelf ook politiek actief werd en ik volgde de verkiezingen op de voet. Op de avond van de verkiezingen was ik bij het feest van mijn partij, die een enorme zege had behaald. D66-lijsttrekker Hans van Mierlo liet er geen onduidelijkheid over bestaan: de volgende regering moest nu eens zonder christendemocraten worden gevormd. En zo gebeurde het.

Waar aan het begin van de twintigste eeuw de eerste volledig christelijke regering werd gevormd, gebeurde ruim tachtig jaar later het tegenovergestelde. Tot dat moment hadden christelijke partijen (ARP, CHU, RKSP, de Katholieke Volkspartij, die zich later verenigden in het CDA) in wisselende samenstelling, en met verschillende coalitiepartijen, in de regering gezeten. Zij hadden daarmee een grote stempel op Nederland kunnen zetten. Maar in het verkiezingsjaar 1994 leed het CDA een grote nederlaag en nam de partij niet deel aan de regering. Er kwam een regering van drie partijen van de 'vrije moraal', de PvdA, de VVD en D66. Het kabinet zonder het CDA werd 'Paars' genoemd, verwijzend naar de mengkleur van blauw (liberaal) en rood (sociaaldemocratisch).

Bij de start van het nieuwe kabinet werd met name door de christelijke partijen stilgestaan bij het bijzondere karakter van de nieuwe regering. De orthodox-christelijke partijen hadden zich gestoord aan de opmerking van VVD-leider Frits Bolkestein die tijdens de onderhandelingen grappend had gesproken over een 'heidens karwei'. Zou dit kabinet een radicale breuk betekenen met de behandeling van religie in de samenleving? sgp-fractievoorzitter Bas van der Vlies constateerde dat het paarse kabinet 'in het kielzog' van de Franse Revolutie zat, en gpv-fractievoorzitter Schutte stelde vast dat het nieuwe kabinet de ontwikkeling voortzette om de overheid niet langer te zien als 'Gods dienaresse'. De nieuwe minister-president Wim Kok suste de gemoederen meteen. Het nieuwe kabinet was in zijn ogen een 'gewoon kabinet' en niet bedoeld om christelijke partijen buiten te sluiten.[41]

Toch zette Paars stappen die tot dan toe onmogelijk leken. Zo werd winkelen op zondag toegestaan, werd Nederland het eerste land ter wereld waar het huwelijk voor paren van gelijk geslacht mogelijk werd en werd onder strenge voorwaarden euthanasie toegestaan. Paars leek een grote omslag in de Nederlandse politiek, het slotakkoord van de seksuele revolutie vanaf de jaren zestig, een radicale breuk met de dominantie van de christelijke moraal van de zedenwet uit 1911.

Toch was de tegenstelling met eerdere kabinetten minder scherp dan het in eerste instantie leek. Zoals we hebben kunnen zien waren de meeste wetten uit 1911 al lang gesneuveld. Voorbehoedsmiddelen, meer seksuele vrijheid, gelijke behandeling – het waren zaken die zelfs met instemming van de christelijke partijen waren aangepast. Zelfs het huwelijk voor paren van gelijk geslacht had een christelijke oorsprong: al in de jaren tachtig had het cda met de gedachte gespeeld dit mogelijk te maken, om daarmee het begrip 'gezin' te verbreden. Dat plan had de partij weliswaar ingeslikt, maar helemaal nieuw was het dus niet.

Tijdens de regeringsverklaring van het nieuwe kabinet probeerde cda-fractievoorzitter Heerma duidelijk te maken dat het paarse kabinet toch echt anders was dan wat het

CDA voorstond. Hij verweet de paarse partijen 'weg te kijken' bij de keerzijden van vrijheid. Het CDA pleitte voor een hernieuwd debat over 'normen en waarden'. Dat leidde tot veel hoongelach. Dacht het CDA het alleenrecht te hebben op normen en waarden? Bovendien hadden de christendemocraten de afgelopen tachtig jaar onafgebroken in regeringen gezeten. Ze hadden dus alle tijd gehad om hun grote woorden waar te maken. Waarom hadden ze dat niet gedaan, werd er gesmaald. De devote wijze waarop het CDA fatsoen claimde had iets huichelachtigs in de ogen van hun tegenstanders. 'Normen en waarden' werd in de politiek en in de media steeds meer een synoniem voor overdreven bemoeizucht, betutteling. En van betutteling wilden de politici van de 'vrije moraal' liever niet beticht worden.

Maar betekende dit dat het paarse kabinet wegkeek bij de 'keerzijden van vrijheid'? Het tegendeel was het geval. Bijvoorbeeld op het gebied van pornografie. Vanaf het moment dat internet voor iedereen toegankelijk werd, in 1993, wierp de porno-industrie zich erop. Internet was bij uitstek een internationaal netwerk, waar nationale grenzen en wetten weinig vat op konden krijgen. Net zoals eerder bij de 06-lijnen waren de minimumleeftijdseisen hier nauwelijks te handhaven. De overheid realiseerde zich al snel dat het geen zin had om dezelfde regels af te vuren op internet als bij gedrukte porno. Maar het verspreiden van kinderpornografie werd nu juist wel harder aangepakt. In 1995 besloot het paarse kabinet het bezit van dit soort materiaal strafbaar te stellen, juist ook omdat het door internet veel makkelijker te verspreiden was. Vanuit de Tweede Kamer werden daar in eerste instantie vraagtekens bij geplaatst. De mensen die het alleen in hun bezit hadden, hadden de misdaad van het maken van kinderporno toch niet zelf gepleegd? Dat was een naïeve gedachte, vond D66-minister Sorgdrager. Zij stelde dat mensen die dit soort materiaal aanschaften ook verantwoordelijk waren voor het maken ervan: zij waren medeschuldig aan de schade die werd berokkend. Na de affaire-Dutroux in 1996, waarbij tal van meisjes op gruwelijke wijze waren misbruikt, werd de roep om de minimumleeftijd veel strenger te handhaven harder en breed gedragen. De zedenwetten die nog maar een paar jaar eerder tot stand waren gekomen werden aangepast. De minimumleeftijd van twaalf jaar werd door het paarse kabinet weer op zestien gezet.

Paars pakte ook het roken aan. Onder leiding van D66-minister Els Borst kwamen er voor het eerst forse maatregelen. Als voormalig arts legde ze een persoonlijk engagement aan de dag. Ze stelde dat tabak 'het meest dodelijke legale product in onze samenleving' was.[42] Ze vond dat er veel te lang niets aan dit schadelijke product was gedaan. Hoewel de wetenschap al sinds de Tweede Wereldoorlog de link had gelegd tussen kanker en roken, had de politiek inderdaad vrijwel niets ondernomen. Borst becijferde dat er jaarlijks 26.000 mensen stierven aan roken en passief meeroken. Ze rekende voor dat dit neerkwam op 441 doden per week: 'Dat is hetzelfde aantal doden als wanneer er iedere week in ons land een Jumbo zou neerstorten, waarbij alle inzittenden zouden omkomen.'[43] Omdat het hier ook over schade ging die aan de gezondheid van anderen werd toegebracht, vond ze het als vrijzinnig-liberaal geoorloofd om in te grijpen: iedereen die dat wil mag roken, maar je mag anderen er niet mee belasten. Een meerderheid van de Kamer volgde haar. In 2002 werd de tabakswet gewijzigd, waardoor alle bedrijven – behalve de horeca – de werkplekken rookvrij moesten maken. De horeca kreeg nog enkele jaren om dit vrijwillig op te lossen. In 2008 werd ook daar het rookverbod van kracht.

Naast het roken werd het alcoholmisbruik aangepakt. Vooral het gebruik van alcohol door jongeren bleef toenemen. Jongeren, ook onder de 16 jaar, hadden steeds meer geld te besteden en gaven het dus ook uit aan zaken waar ze eigenlijk te jong voor waren. In 1964 was de alcoholleeftijd al aangescherpt, zodat jongeren onder de 18 geen sterkedrank meer mochten kopen, maar al die maatregelen bleken al lang niet meer voldoende. Opvallend was dat vooral het CDA terugschrok voor nieuwe regels. Kamerlid Buijs (CDA), zelf huisarts, wilde waken voor 'betutteling van de jeugd'. Hij zei bij een Kamerdebat over het paarse drankbeleid: 'Onze fractie houdt niet zo van betutteling. Wij denken dat de jeugd zeer goed in staat is, bij een adequate voorlichting zelfstandig verstandige besluiten te nemen.' Minister Borst vond het juist prima om alles uit de kast te halen om alcoholmisbruik te bestrijden. 'Dat heeft niets met betuttelen te maken,' antwoordde ze enigszins geïrriteerd, 'maar met gewoon nuchter naar de cijfers kijken.' Kamerlid Rouvoet van de RPF zei blij verrast te zijn door de opstelling van de vrijzinnige minister: 'Je zou bijna zeggen dat het een moraliserend voorstel is!' plaagde hij. 'Ziet u nou wel dat u het kunt!' De alcoholnota werd aangenomen en op jongeren gerichte alcoholreclames werden aan banden gelegd.

De regering wilde ook de risico's en overlast van harddrugsgebruik verkleinen. In de grote steden werden projecten opgezet om zwaarverslaafden van straat te halen en op te vangen in centra waar ze gratis heroïne kregen. Zo hoefden ze niet meer op rooftocht te gaan om drugs te kunnen betalen en kregen ze de ruimte om een stabiel leven op te bouwen. De projecten kregen brede steun in de Kamer – ook van de christelijke partijen – en bleken succesvol in het tegengaan van overlast. Tegelijk werd in de jaren negentig cocaïne een steeds populairdere drug in het uitgaansleven. Via zee- en luchthavens probeerde de cocaïnemaffia deze markt te bedienen. Vooral vluchten vanuit het Caribisch gebied en Zuid-Amerika werden steeds strenger in de gaten gehouden om smokkelaars te onderscheppen. Intussen nam het maffiageweld in deze landen fors toe. De enorme hoeveelheden zwart geld die in de cocaïnehandel omgingen zorgden voor bloedige afrekeningen en ontwrichting van de samenlevingen aldaar. D66-Kamerlid Boris Dittrich verzuchtte: 'Volgens mij realiseren de gebruikers zich niet dat door hun vraag naar cocaïne er verderop in de wereld een keten van ellende ontstaat.'[44]

Naast de al bekende drugs werd Nederland ook geconfronteerd met nieuwe soorten. Eind jaren tachtig dook de drug xtc op in het uitgaansleven. De werkzame stof in xtc, MDMA, was net zoals vele andere drugs afkomstig uit het medische circuit. Hoewel de stof feitelijk geen harddrug was, werd xtc in 1988 vrijwel meteen op de lijst van verboden harddrugs gezet. Door het verbod kwamen er in eerste instantie veel pillen in roulatie waaraan speed en andere gevaarlijker stoffen waren toegevoegd, wat leidde tot schade voor de gezondheid en zelfs enkele doden. De PvdA, D66 en GroenLinks vonden daarom dat xtc gereguleerd verkocht moest worden, bijvoorbeeld in coffeeshops. Op die manier kon het uit de criminele sfeer worden gehaald en konden er eisen worden gesteld aan de kwaliteit van de pillen. Het kabinet koos niet voor regulering van de verkoop, maar pillen konden voortaan op houseparty's worden getest, om te kijken of ze versneden waren met troep. Ook werd er op feesten actief voorlichting gegeven over de gevaren van xtc-gebruik.

Ondanks al deze concrete stappen hield de christelijke moraal vol dat de vrije moraal wegkeek. CDA-fractievoorzitter Heerma baseerde zijn verwijt bijvoorbeeld op het beleid ten aanzien van cannabis. Dat 'gedoogbeleid' gaf volgens hem het verkeerde voorbeeld. Hoe kan de overheid nu iets door de vingers zien wat eigenlijk verboden is? Hij stelde: 'Het is voor de ouders, voor die vader en die moeder, zo moeilijk om uit te leggen dat de politie niet omkijkt naar wat bij wet verboden is.'[45] Maar ook hier was de werkelijkheid anders. In 1995 kwam D66-minister van Justitie Sorgdrager met een nieuwe visie op het drugsbeleid.[46] Er werden hogere eisen gesteld aan eigenaren van coffeeshops. Wie criminele banden had kreeg geen vergunning meer. Om jongeren te beschermen werd de leeftijdsgrens voor de verkoop van cannabis in coffeeshops opgetrokken van zestien naar achttien jaar. Van gedogen was feitelijk geen sprake meer, er waren steeds meer harde regels, vergelijkbaar met die in de andere horeca.

Het verwijt dat de vrije moraal geen oog had voor problemen rond seks, drank en drugs was dus aantoonbaar onjuist. Achter het beleid gingen bovendien duidelijk morele overwegingen schuil, zoals het recht om zelf keuzes te mogen maken, de bescherming van jongeren en het tegengaan van schade voor anderen. Toch reageerden politici van de vrije moraal steeds vaker geprikkeld op het verwijt van onverschilligheid. In plaats van de christelijke moraal met feiten van repliek te dienen en hun eigen morele overwegingen uit te leggen, leken zij steeds minder bereid mee te doen aan hun debat over normen en waarden. Het waren besmette begrippen geworden, die op z'n minst lachlust en op z'n ergst boosheid opriepen.

Weerzin tegen moralisme: 'Prostitutie is een normaal beroep'

Hoe besmet het begrip 'moraal' was werd bijvoorbeeld duidelijk in het debat over het schrappen van het bordeelverbod. Dat verbod was een van de laatste wetten uit 1911 die nog in het Wetboek van Strafrecht stonden.

In 1911 was er al veel discussie geweest over de noodzaak van dit verbod, en dat was er nog steeds. Zowel voor- als tegenstanders van het bordeelverbod maakten zich zorgen over de misstanden in de prostitutiesector. Het bordeelverbod van 1911 had niet geleid tot een afname van prostitutie, integendeel. Hoewel het verboden was, waren er zowel in de grote steden als in kleinere gemeenten illegale seksclubs. In een aantal grote steden werd raamprostitutie bovendien door de vingers gezien. Op die manier kon er een oogje in het zeil worden gehouden, bijvoorbeeld in het bestrijden van geslachtsziekten, zoals dat eigenlijk altijd al was gedaan. Maar deze situatie was verre van ideaal. In seksclubs en 'achter de ramen' werden door de politie regelmatig minderjarige meisjes aangetroffen. Daarnaast werden steeds meer meisjes uit andere delen van de wereld onder valse voorwendselen naar Nederland gelokt, om vervolgens in de prostitutie te belanden. Het was voor de politie lastig om op te treden: de 'goede' seksclubs waren moeilijk van de 'kwade' te onderscheiden. Alle bordelen waren immers illegaal, dus het was lastig de ene seksclub wel aan te pakken en de andere niet.

Om deze misstanden beter te bestrijden wilden de paarse coalitiepartijen in 1999 het bordeelverbod schrappen. Prostitutie bestond nu eenmaal en dan kon het beter maar goed geregeld worden. Bovendien vond de regering dat het langer verbieden van bordelen moralistisch zou zijn. Als een vrouw (of een man) vrijwillig kiest voor de prostitutie, dan past het de overheid niet om daar een moreel oordeel over te hebben. Het bezoeken van een prostituee was ook geen onderwerp waar de overheid zich mee moest bemoeien. Minister van Justitie Korthals (VVD) hoopte dat opheffing van het bordeelverbod zou zorgen voor 'beheersing, sanering en normalisatie'[47] van de bedrijfstak.

De regering stelde regels voor om de minimumleeftijd voor prostitutie op zestien jaar te zetten, gelijk met de wettelijke minimumleeftijd voor seksueel contact. Tegelijkertijd werden andere vormen van georganiseerde prostitutie ook gelegaliseerd, zoals het werken voor een escortservice. Met de nieuwe regels wilde de minister een redelijk salaris, gezondheidscontroles en een goede werkplek voor de prostituee garanderen. 'Wel uitbating, geen uitbuiting', was het doel.

Tijdens het debat over het opheffen van het bordeelverbod herinnerde Kamerlid Femke Halsema van GroenLinks aan Aletta Jacobs. Jacobs was in 1911 voorstander van het bordeelverbod, juist om vrouwen 'vrij' te krijgen. Halsema kon een eind met de feministe van toen meevoelen: 'Een leven als straatprostituee was te verkiezen boven het verborgen leven in een bordeel waar ze als "blanke slavinnen" zouden worden gehouden.'[48] Halsema stelde alleen vast dat het bordeelverbod van 1911 de positie van deze vrouwen helaas niet had verbeterd. Haar partij was – samen met regeringspartijen PvdA, VVD en D66 – daarom ook voor het opheffen van het bordeelverbod.

Opvallend was in dit debat de rol van het CDA. Hoewel die partij uiteindelijk tegen het voorstel stemde, erkende ze dat de legalisering zeker voordelen zou kunnen hebben, bijvoorbeeld om minderjarige prostitutie tegen te gaan. Daarnaast vond ze het vanuit christelijke naastenliefde van groot belang om de prostituees binnen de mogelijkheden van hun vak een zo goed mogelijk bestaan te bieden.

Veel uitgesprokener was RPF-Kamerlid Rouvoet. Hij hekelde het feit dat de regering beweerde niet moralistisch te willen zijn. Een onzinnige stelling, vond hij. Elke beslissing is immers gebaseerd op een norm of een waarde. Het argument dat prostitutie 'nu eenmaal onuitroeibaar was en dus gelegaliseerd moest worden' deugde niet, volgens Rouvoet. Hij zei nog wel een paar andere voorbeelden te kunnen noemen van onuitroeibare zaken: kinderarbeid, fietsendiefstal en fraude. Moest dat alles dan ook maar gelegaliseerd worden? Nee dus, vond Rouvoet. Hij vond bovendien dat er een te romantisch beeld van prostitutie geschetst werd. PvdA-Kamerlid Barth wierp tegen dat ze wel degelijk oog had voor de 'schelle werkelijkheid' van prostitutie, maar dat regulering nu eenmaal meer handvatten gaf om die problemen aan te pakken. Dat praktische argument van de voorstanders was in de ogen van Rouvoet 'een symptoom van maatschappelijke achteruitgang in termen van beschaving, als een uiting van moreel verval en decadentie, en als een vorm van pragmatisme dat gekenmerkt wordt door een maatschappelijk en politiek ideële armoede'. Hij vond het prima als prostituees geholpen zouden worden, maar daar hoefde je de bordelen niet voor te legaliseren. Bovendien was het een illusie dat prostitutie 'normaal' was, aldus Rouvoet. Als dat zo was, dan zouden mensen het geen probleem vinden als hun kind de prostitutie in wilde. Hoe 'normaal' werd prostitutie dus eigenlijk gevonden?

De paarse partijen reageerden geërgerd op deze aantijgingen. Kamerlid Dittrich van D66 stelde: 'Wij vinden dat ieder individu zelf mag beslissen hoe hij of zij met de integriteit van het eigen lichaam omgaat.' vvd-Kamerlid Nicolaï vond zelfs dat prostitutie een 'al lang en breed in de samenleving aanvaard verschijnsel' was. 'Het is een morele keuze dat wij als liberalen geloven in de vrijheid van mensen om vrije keuzes te maken.'

Toch was die stelling niet helemaal consequent. Over tal van zaken rond prostitutie werd door de niet-christelijke partijen wel degelijk een moreel oordeel geveld. Zo kwamen deze partijen met een wijzigingsvoorstel dat de minimumleeftijd ophoogde van zestien naar achttien jaar. Zestien jaar was weliswaar de leeftijd waarop jongeren seksueel vrij werden, maar commerciële uitbating van het lichaam was onverstandig, vonden ze. Met die leeftijdsverhoging hoopten de partijen onbezonnenheid te voorkomen. Maar was dit dan geen moreel oordeel? Bovendien werden prostituees voor een deel vrijgesteld van het betalen van belasting, om ervoor te zorgen dat vrouwen zoveel mogelijk van het geld in handen zouden krijgen. Blijkbaar was de regering toch bang dat de uitbaters niet helemaal eerlijk te werk zouden gaan. Dat prostitutie niet als een 'normale' baan werd gezien bleek ook uit het feit dat het niet als 'passende arbeid' zou worden aangemerkt. Een werkloze kon dus niet tot een baan in de prostitutie worden gedwongen. Hoewel de regering stelde dat de wet prostitutie zou 'normaliseren', bleef het in de praktijk dus nog steeds een aparte sector, niet 'normaal' in ieder geval. Waarom dat ontkennen?

De weerzin tegenover het gedweep van de christelijke moraal met normen en waarden was blijkbaar zo groot geworden dat de vrije moraal steeds meer moeite had om zich tot die begrippen te verhouden. Het bestaan ervan leek zelfs bijna ontkend te worden. Dat was natuurlijk koren op de molen van diegenen die de vrije moraal als vrijblijvend of zelfs amoreel wilden afschilderen.

De vrije moraal onder vuur

In 2002 werd ik zelf in de Tweede Kamer gekozen. Vanaf dat moment heb ik de debatten over seks, drank en drugs van nabij kunnen meemaken en meevoeren.

Zo triomfantelijk als de seculiere coalitie aantrad in 1994, zo droevig was het einde in 2002 gesteld. In dat jaar verloren de drie paarse partijen veel zetels. Het CDA won de verkiezingen. Die verkiezingen gingen over tal van onderwerpen, zoals de economie en de problematische integratie van nieuwe Nederlanders, maar CDA-leider Jan Peter Balkenende had ook het thema 'normen en waarden' tot verkiezingsitem gemaakt. Hij vond dat de paarse partijen dit hadden verwaarloosd.

De verwijten van de christelijke moraal waren niet nieuw, maar de aanval richting de vrije moraal kwam inmiddels van meerdere kanten. Het debat over de moraal had zich lange tijd beperkt tussen grofweg de vrije en de christelijke moraal, maar er was intussen sinds de jaren zestig een nieuwe grote religie bij gekomen: de islam. Bij een aanzienlijk deel van de islamitische immigranten bevond het morele debat over seks, drank en drugs zich in een veel rauwer stadium dan in christelijke kringen. Veel immigranten waren afkomstig van het conservatieve platteland van Turkije en Marokko en woonden nu in de grote steden, waardoor een aantal conservatieve opvattingen nog scherper afstak tegen de uitgesproken vrije opvattingen van hun

Nederlandse stadgenoten. Vrouwenemancipatie stond op een lager pitje, en het onderwerp homo-emancipatie werd al helemaal niet besproken. Tijdens de Tweede Kamerverkiezingen van 2002 maakte Pim Fortuyn met zijn nieuwe partij, de Lijst Pim Fortuyn, een groot nummer van deze 'achterlijke' ideeën van de orthodoxe islam. Over het algemeen werd Fortuyn als een rechts politicus afgeschilderd, maar zelf zag hij dat anders. Zo was hij bijvoorbeeld voor een algemene legalisering van softdrugs. Rond seksuele vrijheid en emancipatie zei hij op te komen voor de verworvenheden van de jaren zestig en zeventig. Hij verweet de klassieke linkse en liberale partijen dat ze slap waren geworden in het verdedigen van die verworvenheden tegen de 'islamisering' van Nederland. Later zou de Partij voor de Vrijheid eenzelfde geluid laten klinken, zij het dat partijleider Geert Wilders geen voorstander was van het reguleren van softdrugs.

Tegelijkertijd werd duidelijk dat de dilemma's rond seks, drank en drugs nog lang niet opgelost waren. Hoewel het gebruik van tabak afnam, nam dat van alcohol vooral onder jongeren enorm toe. De horeca en de supermarkten namen het in de praktijk niet zo nauw met het handhaven van de eis dat er onder de zestien geen alcohol verkocht mocht worden. Bovendien richtten jongeren op het platteland geïmproviseerde 'keten' in, om het daar op een zuipen te zetten. Elk weekend waren er weer nieuwe gevallen van jongeren die met grote alcoholproblemen op de eerste hulp van ziekenhuizen terechtkwamen. Nederlandse jongeren behoorden volgens de statistieken zelfs tot de 'zuipschuiten' van Europa. Hersenwetenschappers toonden aan dat jonge pubers ook bij een beperkte alcoholconsumptie al onherstelbare hersenschade opliepen. Er werden extra voorlichtingscampagnes gestart. In de Kamer werd ook geopperd om de minimumleeftijd voor bier te verhogen naar achttien. Dat zou helpen jongeren later te laten beginnen met drinken. Het punt was alleen dat de grootste probleemdrinkers nu al minderjarig waren. Blijkbaar had de wet geen vat op ze. Waarom zou het verder ophogen van de leeftijdsgrens voor hen ineens wel werken?

Na alcohol bleef cannabis bij jongeren de populairste drug. Hoewel de gereguleerde coffeeshops zich, anders dan de 'drankhoreca', goed hielden aan de eis dat er niet aan minderjarigen verkocht mocht worden, konden jongeren cannabis altijd nog via vrienden of illegale straathandelaren betrekken. Sommige jongeren gebruikten zo veel cannabis dat hun prestaties op school eronder leden. Daarnaast werd de teelt van cannabis steeds grilliger en vermengd met de misdaad. De illegaliteit had ook consequenties voor de samenstelling van cannabis. De werkzame stof THC in nederwiet werd door de intensieve kweek steeds sterker, terwijl de beschermende natuurlijke stoffen erin juist afnamen. In de grensregio was er het probleem van Duitse, Franse en Belgische drugstoeristen. Hoewel de overlast van deze toeristen werd beperkt door de verkoop van cannabis te centraliseren, zagen illegale telers en dealers hun kans schoon om van de stroom toeristen een graantje mee te pikken. In 2005 namen de toenmalige burgemeester van Maastricht Gerd Leers, Kamerleden Albayrak (PvdA) en Weekers (VVD) en ikzelf een initiatief om de overlast te bestrijden, maar ook om de teelt van cannabis te reguleren. Minister van Justitie Donner (CDA) zag niets in het plan: 'Daarmee geef je de penoze alleen maar vrij baan!' Maar een andere oplossing voor het probleem kwam er niet. In plaats daarvan werd de jaren daarop gekozen voor het verder verstrakken van het beleid. Waar de vvd in 2005 nog pleitte voor een praktische oplossing van de cannabisteelt, stapte ze daar in 2006 alweer van af. In 2012 werd het plan gelanceerd om coffeeshops voortaan tot besloten clubs om te vormen, waar Nederlandse gasten zich moesten registreren en buitenlandse gasten niet meer welkom waren. Veel volwassen cannabisgebruikers wilden alleen niet als zodanig worden geregistreerd. Zou dat de straathandel juist niet in de hand werken?

Rond drugs waren er ook andere ontwikkelingen. Het heroïnegebruik bleef in Nederland afnemen, maar andere drugs werden juist populairder. Cocaïne en speed werden niet alleen nog gebruikt in het stadse uitgaanscircuit, ze wonnen ook terrein op het platteland, zelfs in christelijke *strongholds* als de Veluwe, Volendam en Urk. In het uitgaansleven dook ook GHB op, een gevaarlijke en verslavende drug die met eenvoudige schoonmaakmiddelen te fabriceren was en dus zeer lastig op te sporen viel.

Ondanks het opheffen van het bordeelverbod openbaarden zich daar nog steeds misstanden. De legalisering had succes in het terugdringen van het aantal minderjarige meisjes in de prostitutie. Daarnaast waren de werkomstandigheden een stuk hygiënischer geworden. Al in de eerste debatten na het opheffen van het bordeelverbod was duidelijk dat met de legalisering de problemen nog niet uit de wereld waren. De prostitutie kende nog steeds veel uitbuiting en mensenhandel. Alle partijen kwamen met voorstellen om dat terug te dringen. In Amsterdam werd onder leiding van PvdA-wethouder Asscher een poging gedaan om de beruchte rosse buurt hiervan te verschonen. In de Tweede Kamer werd door Kamerlid Agema van de Partij voor de Vrijheid (pvv) een pleidooi gehouden om de minimumleeftijd voor prostituees te verhogen naar eenentwintig jaar. Op die leeftijd zouden meisjes minder kwetsbaar zijn en loverboys, die meisjes op slinkse wijze de prostitutie in lokten, konden beter worden aangepakt. Het kabinet van VVD, CDA en PVV stelde in 2011 zelfs voor om prostituees te gaan registreren, net zoals dat voor 1911 het geval was geweest. PvdA, D66, GroenLinks en de SP waren tegen. Door deze registratieplicht zouden prostituees zich gebrandmerkt voelen, en daardoor eerder het illegale circuit induiken. Dezelfde vrees was er bij het ophogen van de prostitutieleeftijd naar eenentwintig jaar. SP-kamerlid Gesthuizen zei zich te kunnen voorstellen dat mensen van eenentwintig jaar 'minder gevoelig zijn voor bijvoorbeeld loverboys die iemand onder psychologische druk zetten'.[49] Maar ze vreesde dat door het ophogen van de leeftijd een grote groep jonge prostituees in de illegaliteit zou verdwijnen en zich minder snel zou melden bij de hulpverlening.

Los van de aloude dilemma's rond prostitutie was er veel meer algemene zorg over de seksuele moraal. In tv-reclames, in videoclips en op billboards op straat waren erotiek en sexy kleding tot een verkooptruc verworden, werd gesteld. Dat zou een negatieve invloed hebben op de opgroeiende jeugd. Door internet en de sociale media werd de samenleving geconfronteerd met steeds nieuwe seksuele vraagstukken. Via webcams konden seksuele privéfilmpjes online worden gezet, waar natuurlijk ook misbruik van gemaakt kon worden.

In 2008 ontstond er bovendien grote commotie over de zogenaamde 'breezersletjes'. Aanleiding was een rapport over tienermeisjes tussen twaalf en zeventien jaar in de Amsterdamse Bijlmer. Surinaamse en Antilliaanse meisjes zouden seksuele handelingen verrichten in ruil voor een zoet alcoholisch drankje – een breezer –, wat beltegoed of cd's. Hoewel snel duidelijk was dat het onderzoek niet representatief was voor de hele jeugd in de Bijlmer, zag ChristenUnie-politicus André Rouvoet een patroon: 'De seksmoraal van de jeugd is losgeslagen. Als we daar niet snel iets aan doen, dreigt een hele generatie op te groeien met verknipte ideeën.'[50] Hij zag als een van de oorzaken de 'morele vrijblijvendheid' van de jaren negentig. Het kabinet van CDA, PvdA en ChristenUnie bepleitte in 2008 zelfs een normen-en-waardencatalogus die gebruikt moest worden in het onderwijs.

De partijen van de 'vrije moraal' reageerden zeer divers op al deze aantijgingen. Tijdens de 'normen-en-waarden-debatten' die op initiatief van premier Balkenende in de Tweede Kamer werden gehouden, heerste bij de VVD in eerste instantie een gereserveerde houding. Fractievoorzitter Zalm vond in 2002 dat de overheid zich niet te veel moest mengen in het debat over normen en waarden. Hij zei: 'Als wij de grondwet en de wetten zien als gestolde waarden en normen, dan hebben wij al een groot deel van de discussie gehad.'[51] GroenLinks en D66 waren minder minimalistisch. Ze hekelden de overdreven bemoeizucht die soms uit de woorden van de christelijke moraal klonk, maar wezen erop dat de overheid natuurlijk best een bepaalde morele richting aan de samenleving kon geven. Fractievoorzitter Halsema van GroenLinks vond bijvoorbeeld dat er een taak was 'in het herinneren aan de noodzaak van matiging of de noodzaak van zelfbeperking'.

De partijen van de vrije moraal kwamen, net zoals ze dat al heel lang deden, met concrete voorstellen om dilemma's rond seks, drank en drugs te tackelen. Maar toch bleef het verwijt van 'wegkijken' klinken. Sterker nog: de redenering van het 'wegkijken' werd zelfs overgenomen door sommige aanhangers van de vrije moraal. PvdA-Kamerleden Dijsselbloem en Van Dam hekelden de seksueel en vrouwonvriendelijk getinte videoclips die op muziekzenders MTV en TMF te zien waren. Ze wilden deze niet verbieden, maar drongen wel aan op 'een maatschappelijk debat'. Op zich heel nuttig, maar de onheilspellende analyse van de samenleving die werd gemaakt leek wel heel erg afgekeken uit het woordenboek van de christelijke moraal. 'We hebben de onderklasse verraden,' zei Dijsselbloem, en hij stelde dat hoogopgeleiden 'zich niet realiseren wat de verschraling van de moraal betekent in andere lagen van de samenleving'.[52]

Het viel mij op dat de dilemma's rond de vrijheid steeds minder 'precies' werden behandeld in de Tweede Kamer. Bij mediahypes rond drugs, drank of de seksuele moraal werd door de aanhangers van de vrije moraal steeds sneller meegegaan in de reflex om een misstand te veralgemeniseren, grote woorden te gebruiken, anderen te beschuldigen van 'wegkijken' of heel snel te roepen om een 'verbod'. Na jaren waarin sommige aanhangers van de vrije moraal zich hadden onttrokken aan het 'normen-en-waarden'-debat werd daar nu – terecht – op teruggekomen. Maar inmiddels waren de geschiedenis en de kracht van de eigen uitgangspunten zo ver weggezakt in het geheugen dat steeds vaker de terminologie werd geleend die eerder door de christelijke moraal gebruikt werd. Hierdoor heeft die laatste het debat over normen en waarden vaak kunnen kapen. Want wat stelde de vrije moraal ertegenover? Daardoor leek het soms alsof 'vrije' waarden van zichzelf geen consequenties met zich meebrachten, en niet zouden leiden tot bescherming, begrenzingen en zelfs straf – het leek alsof je daarvoor bij de uitgangspunten van de christelijke moraal moest zijn. Dat doet groot onrecht aan de rijke gelaagdheid van de vrije moraal.

What's up in Holland?

Hoe zou het zijn als ik weer in dezelfde jeugdherberg uit 1991 zou afspreken? Stel dat mij opnieuw zou worden gevraagd: 'What's up in Holland?' Hoe zou ik Nederland dan *pitchen*?

Ik denk dat ik eerst mijn laptop zou pakken om op YouTube de uitzending van FOX News te laten zien waarin Bill O'Reilly fulmineert tegen het losgeslagen Nederland. Daarna zou ik het filmpje tonen dat een aantal Amsterdammers maakte, in antwoord op die uitzending. In hun filmpje 'The Truth About Amsterdam'[53] wilden ze de aantijgingen van O'Reilly weerleggen. Ze toonden beelden van een ontspannen, vriendelijke hoofdstad die haaks stonden op de grimmige omschrijving van Amsterdam door O'Reilly. Bij de beelden lieten ze wat statistische gegevens over Nederland zien, en vergeleken die met Amerikaanse cijfers. Het percentage Nederlanders dat ooit cannabis had gebruikt bleek half zo groot als dat in Amerika. De hoeveelheid dodelijke slachtoffers van harddrugs per één miljoen inwoners was in Nederland 2,4 tegen 38 in Amerika. Nederland kwam er dus duidelijk veel beter vanaf.

Naast het filmpje zou ik wijzen op het feit dat de hoeveelheid tienerzwangerschappen en abortussen in Nederland fors lager is dan in andere landen, zeker in vergelijking met Amerika. Die goede cijfers komen door de open wijze waarop seksualiteit in Nederland wordt behandeld.

Naast deze cijfers zou ik ook het beeld van Nederland als land 'zonder moraal' corrigeren. Zoals we hebben kunnen zien is de open omgang met seks, drank en drugs juist gebaseerd op een lange geschiedenis van morele afwegingen.

Die typisch Nederlandse openheid en de praktische aanpak maken steeds meer school in de wereld. Veel van mijn zaalgenoten in de jeugdherberg zouden in hun eigen landen voorbeelden kunnen noemen van een wat praktischer houding ten opzichte van bijvoorbeeld drugs. Spanje, Portugal, Zwitserland en België hebben het drugsgebruik gedecriminaliseerd, juist om schade voor de gezondheid eerder te kunnen opsporen. In verschillende Amerikaanse staten wordt zelfs een vorm van ons gedoogbeleid toegepast. Ik heb met eigen ogen gezien hoe bijvoorbeeld in Californië er onder het mom van 'medicinale cannabis' uitgiftecentra zijn die veel weg hebben van de Nederlandse coffeeshops. Al die ontwikkelingen maken duidelijk dat vooral lokale overheden worstelen met de vraag hoe ze het beste met hard- en softdrugs kunnen omgaan, en ze schuwen daarbij onorthodoxe oplossingen niet. Internationaal wordt bovendien steeds vaker de vraag gesteld of de *war on drugs* niet veel meer kost dan hij oplevert. Bij het honderdjarig jubileum van de internationale drugsverdragen in 2008 moesten de Verenigde Naties vaststellen dat de war on drugs maar beperkte resultaten heeft behaald.[54] Ja, de Opiumepidemie in het China van honderd jaar geleden was gestopt, maar ze konden niet verdoezelen dat er de afgelopen decennia weinig vat was gekomen op de productie van andere drugs. De VN erkenden dat de populairste drugs (cannabis en xtc) steeds meer in de regio's worden geproduceerd waar ze worden gebruikt. Door de kortere aanvoerlijnen is het daardoor steeds lastiger de handel te onderscheppen. Intussen kostte de war on drugs vele tientallen miljarden euro's per jaar. De Verenigde Naties leggen – onder druk van steeds meer landen – daarom meer de nadruk op *harm reduction* in plaats van op blinde repressie.

Nederland liep lange tijd voorop in het aanjagen van dit soort internationale veranderingen. Niet alleen in de jaren twintig van de vorige eeuw, en later bij het softdrugsbeleid, maar al veel eerder. Nederland is al vele honderden jaren een van de meest verstedelijkte gebieden van de wereld, waar steeds is geworsteld met de dilemma's rond seks, drank en drugs. Vaak heeft deze worsteling geleid tot succesvol beleid en praktische uitvoering. Soms moest beleid aan de werkelijkheid worden aangepast. De rest van de wereld verstedelijkt ook in rap tempo. De stadse dilemma's rond zeden en drugs dwingen dus een steeds groter deel van de wereld om met creatievere oplossingen te komen om de problemen in goede banen te leiden. Dat zal met horten en stoten gaan, zoals dat ook in Nederland ging, maar de kern van de dilemma's zal overal hetzelfde zijn. Nederland moet in dat wereldwijde debat weer een voortrekkersrol willen spelen.

Pleidooi voor de vrije moraal

Dancemuziek. Jonge mannen en vrouwen die in opperste overgave opgaan in de muziek. Een aantal maal was ik samen met een aantal Kamerleden te gast bij Sensation, een van de grootste indoor-dance-events ter wereld. Twee dagen lang, twee keer vijfendertigduizend mensen bij elkaar in de Amsterdamse Arena, allemaal in witte kleding, allemaal genietend van een fantastische avond. Een feest dat is uitgegroeid tot een internationaal dancefenomeen.

Ondanks dit nationale en internationale succes wordt dikwijls met een frons tegen dit soort feesten aangekeken. De berichtgeving in de media lijkt daar ook aanleiding toe te geven. Na afloop van het feest dat ik bezocht verscheen er op een nieuwspagina het bericht: '54 aanhoudingen tijdens dancefeest Sensation'.[1] Daarbij werd melding gemaakt van 'harddrugs'.

De nacht van mijn bezoek sprak ik daarover in de EHBO-post van het evenement. Het hoofd van die post was een ervaren kracht, een man van de praktijk. Hij voerde al jaren de EHBO-teams aan tijdens dit soort grote dancefeesten. Ik vroeg hem wat hij deze nacht dacht tegen te komen. Hij kneep zijn ogen wat toe en schetste zijn verwachtingen. Hij schatte dat er per avond zo'n honderdvijftig mensen zouden langskomen. Ongeveer twee derde van hen zou bij hem komen vanwege verstuikte enkels, schaafwondjes of vermoeidheidsverschijnselen. Hij verwachtte dat ongeveer een derde last van 'middelen' zou hebben, en meestal zou dat komen door overmatig alcoholgebruik. Zo'n twintig mensen, schatte hij, zou last krijgen van 'overige' drugs. De meesten van hen met iets te veel xtc op. Hij plaatste meteen een kanttekening: 'Alcoholgebruikers en cokesnuivers zijn sneller agressief. Mensen met iets te veel xtc op zijn over het algemeen juist vriendelijk. We geven ze wat rust tot het pilletje is uitgewerkt, geven ze wat water, wat suiker, en dan zijn ze weer op de been.' Het aantal mensen dat echt in grote problemen zou komen, en wellicht naar een ziekenhuis moest, schatte hij op één of twee. 'Maar je weet nooit of er opeens troep rondgaat, dat er pillen zijn waarmee gerommeld is, dan kunnen het er meer zijn. Maar mocht dat gebeuren, dan zitten we er meteen bovenop.'

Hij becijferde hoe ongelooflijk weinig gezondheidsproblemen er eigenlijk zijn op zo'n groot feest: 'Zet ergens anders tienduizenden mensen bij elkaar, en je hebt veel meer problemen. Dit is een van de veiligste plekken waar je 's nachts kan uitgaan. Juist omdat alles zo goed in de gaten wordt gehouden.'[2]

Toen ik de volgende dag het nieuwsbericht over de aanhoudingen zag, mailde ik even of alles volgens zijn verwachtingen was verlopen. Hij antwoordde: 'Vrijdagnacht zesenzeventig EHBO-bezoekers, en zaterdagnacht honderdnegenentwintig.' Ook zijn voorspelling omtrent de aard van de klachten bleek aardig te kloppen. Maar hoe zat het dan met die 54 aanhoudingen vanwege harddrugs? Bij nadere beschouwing van het nieuwsbericht, lag dat ook een tikkeltje anders. 13 van de 54 werden aangehouden vanwege het illegaal doorverkopen van kaartjes. De rest bestond uit een handjevol wildplassers, en een aantal mensen die zo veel xtc-pillen bij zich hadden dat het vermoedelijk om handel ging. De politie verklaarde dat, aangezien er in totaal 70.000 feestvierders naar de Arena kwamen, het aantal aanhoudingen 'helemaal niet hoog' was. Volgens de zegsman van de politie was de sfeer 'relaxed' en 'erg goed'. De feiten staken dus schril af tegen de negatieve toonzetting rond het feest.

Behalve van de feestelijke sfeer was ik ook onder de indruk van de strakke organisatie. Veiligheid, gezondheidszorg, aan alles was gedacht. Op de avond was ik langs een aantal standjes geslenterd die langs de dansvloer waren geplaatst. Naast de stands met etenswaren waren er vrijwilligers die informatie gaven over drugsgebruik, maar ook over voorbehoedsmiddelen en seksualiteit. Een ware vrijmarkt aan informatie. Een van de organisatoren van het feest vertelde tijdens de rondleiding dat de openlijke informatieverstrekking nog wel eens tot schrikreacties leidde in het buitenland. In andere landen rust er zo'n groot taboe op deze onderwerpen dat ze simpelweg worden ontkend. De Nederlanders praten hen bij over de wijze waarop je zo'n groot evenement goed kunt organiseren. Niet alleen het feest is dus het exportproduct, maar ook de veilige inbedding ervan.

Het recht op risico

Wat maakt Nederland zo bijzonder? Ik denk dat het 'm zit in het bovenstaande beeld. Niet vanwege het gigantische feest dat hier kan plaatsvinden, maar vooral door de manier waarmee we ermee omgaan. Want ondanks de extatische dancemuziek en ongedwongenheid van de mensen op de dansvloer, is het meest opvallende met hoeveel zorgzaamheid dit wordt omgeven. De mensen op de dansvloer zoeken genot en vaak ook het risico van drank en drugs, en de organisatie probeert dat goed te begeleiden. In dat beeld schuilt voor mij het belangrijkste onderscheidende element van de vrije moraal. Die openheid gekoppeld aan zorgzaamheid is wat Nederland echt typeert, niet het oppervlakkige 'seks, drugs en rock-'n-roll'-imago.

Zoals we hebben kunnen zien in die debatten van de afgelopen honderdvijftig jaar zijn de vrije moraal en de christelijke moraal elkaar steeds meer gaan overlappen. De christelijke moraal claimde onwrikbare standpunten, maar schoof steeds verder op naar de praktische benadering van de vrije moraal. De uitgangspunten van de vrije moraal werden ook steeds duidelijker. In de negentiende eeuw werden de vrije keuze en de eigen verantwoordelijkheid van mensen benadrukt. Al snel werd dit principe verfijnd met het beschermen van jongeren. Ook werd benadrukt dat je geen schade mag toebrengen aan de vrijheid van anderen.

En er waren dilemma's. Liberalen, vrijzinnigen en sociaaldemocraten zagen dat keuzevrijheid haar keerzijden had. Soms maken mensen keuzes die henzelf te gronde richten. Kinderen en jongeren werden dan wel wettelijk beschermd, maar volwassenen bleken ook niet altijd in staat tot het maken van een verantwoorde keuze. Bovendien waren er regelmatig verschillen binnen de vrije moraal zelf. Hoe neutraal moet de overheid zijn in de omgang met seks, drank en drugs? Binnen de christelijke moraal waren er ook grote verschillen. De kleine orthodox-protestantse partijen stonden duidelijk veel minder open voor nieuwe ontwikkelingen dan de grote christelijke stromingen. Zelden liep de christelijke moraal voorop in kwesties op het gebied van emancipatie, gelijke behandeling en vrijheden, maar de afstand tot vrije moraal was al lang niet meer zo groot.

Een van de belangrijkste verschillen tussen de twee is dat de vrije moraal anders wenst om te gaan met risico's. De neiging van mensen om hun zinnen te verzetten of seksueel te experimenteren wordt over het algemeen met minder paniek onthaald door aanhangers van de vrije moraal dan door de christelijke moraal. De vrije moraal aanvaardt dat de neiging om risico's te lopen nu eenmaal tot de menselijke natuur behoort. Die neiging moet vooral in goede banen worden geleid. We hebben kunnen zien dat telkens is geprobeerd die zucht naar risico recht te doen en tegelijk ongelukken te voorkomen.

Dilemma's van de vrije moraal

Het belangrijkste principe van de vrije moraal is keuzevrijheid. Mensen moeten vrij zijn om over hun eigen lichaam en geest te beschikken en zelfstandig keuzes te maken. Ook als je daarbij risico's loopt.

Deze uitgangspunten lijken eenvoudig. 'Doe wat je zelf wilt! Beschik over je eigen lichaam!' In de praktijk is dat natuurlijk ingewikkelder. Want wanneer ben je nou *echt* vrij in je keuze? Je opvoeding bepaalt al heel veel van de keuzes die je maakt. Je sociale of financiële situatie heeft grote invloed. Hoe vrij ben je onder je vrienden? Onder vrienden kiezen sommige mensen er sneller voor om toch dat eerste lijntje coke te snuiven of dat extra biertje te drinken. Maar is dat dan een echt vrije keuze of ben je het slachtoffer van groepsdruk? Dagelijks worden we betoverd door ideaalbeelden in reclames. Ben je in staat die los te zien van wat je zelf wilt? Seks wordt steeds toegankelijker, porno kun je letterlijk je woonkamer binnenhalen, maar ook creëren via internet. Maar kun je er nog aan ontsnappen? Het ideaal van de vrije keuze wordt bovendien steeds meer ondergraven door wetenschappelijke vindingen over de werking van onze hersenen. Door erfelijke aanleg en biologische oorzaken liggen al heel veel keuzes vast.

Hoe vrij zijn we dus eigenlijk? Als je waarde hecht aan keuzevrijheid, moet je eerst nagaan in hoeverre een keuze ook echt vrij is. Een vrije keuze kan bovendien leiden tot onvrijheid. Tot verslaving bijvoorbeeld. Maar wanneer ben je verslaafd? Iemand die ervoor kiest om één keer in de maand een joint op te steken is duidelijk niet verslaafd. Een heroïnejunk die in de goot ligt is dat duidelijk wel. Maar tussen dat vrijwillige en onschuldige gebruik van drugs en het volstrekt afhankelijk zijn ligt een enorm grijs veld. Wanneer begint iemands vrijheid hem te ontglippen?

Ook bij seks zijn de grenzen soms vaag. 'Wil ik echt met haar zoenen of voel ik me verplicht?' Nog ingewikkelder is het bij prostitutie. Ook al zegt iemand niet door mensenhandel in de prostitutie terecht te zijn gekomen maar er 'zelf voor te hebben gekozen', dan nog blijft de vraag hoe vrij iemand tot die eigen keuze is gekomen.

In de vrije moraal is dus iedereen in principe vrij om te kiezen, ook voor een risico. Maar het is te simpel om het daarbij te laten. Want hoeveel risico is aanvaardbaar? Wanneer ben je weerbaar genoeg om zelf vrije keuzes te maken? Goede informatie is onontbeerlijk bij het maken van een goede inschatting van de risico's die je loopt. En wanneer schaad je met jouw keuze anderen? Het zijn ingewikkelder vragen dan ze op het eerste gezicht lijken.

Het recht op keuzeverandering

In de negentiende eeuw werd er een neutrale overheid gepredikt, die zich niet met een 'verkeerd gebruik van vrijheid' moest bemoeien. We hebben kunnen zien dat die houding de afgelopen honderdvijftig jaar sterk is veranderd. De wetgever is zich met allerlei zaken gaan bemoeien. Alcohol, tabak en cannabis zijn te koop, maar onder strenge voorwaarden. Andere drugs zijn zelfs verboden: heroïne, cocaïne en xtc zijn illegaal. Lange tijd was prostitutie verboden, maar zelfs na legalisering krijgt het nog steeds een speciale behandeling in de wet. Is dat terecht, of is het in strijd met de 'vrije moraal'?

Discussies over de grenzen van de vrijheid zijn vaak heel heftig. Ze raken aan de persoonlijke keuzes, aan de vrijheid je eigen mening te uiten en je leven in te richten zoals je dat zelf wilt. Bij seks, drank en drugs is dat persoonlijke element zelfs nog sterker. Het gaat immers om iets heel intiems, je lichaam. De vrije keuze heeft meteen een heel concreet gevolg. Als je ervoor kiest een biertje te drinken, levert dat na een aantal biertjes dronkenschap op, en het slikken van een xtc-pil heeft onmiddellijk effect op je gemoedstoestand. De vrije keuze voor drank en drugs dringt letterlijk door tot in het lichaam. De keuze voor een seksuele hande-

'Xtc is minder gevaarlijk dan paardrijden'

In 2008 bezocht ik David Nutt in Londen. Hij was de voornaamste drugsadviseur van de Britse regering en deed veel onderzoek naar de risico's en schadelijkheid van drugs.[3] Elke drug heeft immers een andere werking en andere risico's. Hoe verslavend is het middel, welk effect heeft het op de maatschappij? Heroïne en crack voerden de lijst aan als de meest schadelijke en verslavende drugs. Daarna volgden cocaïne, pijnstillers en slaapmiddelen, gevolgd door – opmerkelijk – tabak en alcohol. Cannabis behoorde tot de middenmoot. Xtc bleek voor de gebruiker minder schadelijk dan cannabis. Nutt vond dat de discussie over risico's op basis van feiten gevoerd moest worden. Hij vertelde dat in het indelen in hard- en softdrugs de overheid zo consequent mogelijk moest zijn. 'Als je als overheid iets verbiedt, moet je daar goede redenen voor hebben. Mensen zijn namelijk niet gek. Die zien heus wel het verschil tussen heroïne en cannabis. Mensen accepteren bij het eerste een strenge overheid dus wel, maar bij het tweede veel minder. Omdat er duidelijk verschil is in risico.' Hij voegde daaraan toe: 'Er zijn sporten, activiteiten, dagelijkse bezigheden die net zo "gevaarlijk" of soms veel gevaarlijker zijn dan het nemen van bepaalde drugs. Mensen staan doodsangsten uit bij het idee dat hun kind ooit xtc gebruikt, maar laten hun kind wel paardrijden. Maar er sterven in Engeland nog altijd veel meer mensen die van hun paard vallen dan mensen die soms xtc nemen.' Dergelijke provocerende uitspraken werden hem niet in dank afgenomen. In 2009 moest Nutt[4] zelfs opstappen als adviseur van de regering vanwege zijn onderzoek. In datzelfde jaar deed het Rijksinstituut voor Volksgezondheid en Milieu (RIVM) in opdracht van de Nederlandse regering hetzelfde onderzoek opnieuw, en er kwam bijna precies hetzelfde uit. Gezien de risico's voor de gezondheid zouden alcohol en tabak eerder harddrugs zijn, en xtc een softdrug. De regering besloot niets met deze uitkomsten te doen. Alcohol was te veel onderdeel van de Nederlandse cultuur om het als 'harddrug' te verheffen. Voor xtc werd het regime ook niet aangepast omdat de productie ervan in handen was van de georganiseerde criminaliteit. Dat dit juist een gevolg was van het verbod eind jaren tachtig vertelde de regering er niet bij.

ling is zelfs nog intiemer. Juist vanwege het lichamelijke en intieme karakter is het volgens mij belangrijk dat de keuzevrijheid met extra aandacht wordt getoetst.

Gemakkelijke en simpele oplossingen zijn hier niet. Een algemeen verbod op drugs, bijvoorbeeld, is onzinnig, maar ook alles vrijgeven doet onrecht aan de ingewikkeldheid van de materie.

Toch bepleiten sommigen dat. 'Legaliseer alle drugs, ook harddrugs. Mensen moeten zelf uitmaken wat ze tot zich nemen!' Als je alle drugs legaliseert wordt inderdaad recht gedaan aan het uitgangspunt van keuzevrijheid. Toch is dat te simpel. Nog los van de praktische vraag of je als land zelfstandig alle drugs kan legaliseren, miskent zo'n grove stelling de grote verscheidenheid in drugs. Drugs als heroïne en crack zijn zo verslavend dat een normaal gebruik vrijwel onmogelijk is. Na een paar keer gebruiken raak je al zo verslaafd dat de weg terug heel moeilijk is. Wat begon als een vrije keuze leidt dus in een mum van tijd tot het verlies daarvan. Je eerste vrije keuze heft in feite je keuzevrijheid daarna op. In het geval van heroïne en crack vind ik het dan ook volstrekt in lijn met de vrije moraal om ze niet te legaliseren en mensen actief te helpen er weer van af te komen. Natuurlijk is zo'n wet niet waterdicht. Mensen zullen via het illegale circuit nog aan die drugs kunnen komen. Maar het verbod geeft wel een belangrijk signaal, of zoals je wilt: een moreel oordeel. Een moreel oordeel dat echter past in het idee van keuzevrijheid: het verbod wil helpen je 'recht op keuzeverandering' te bewaken.

Met dit soort verboden moet wel zorgvuldig worden omgegaan. Als je drugs verbiedt waar een dergelijk risico niet, of veel minder, aan kleeft, hol je de geloofwaardigheid van de wet uit. Het gebruik van xtc is zeker niet zonder risico's, maar lang niet zo gevaarlijk als heroïne. Toch maakt de wet geen onderscheid: het zijn beide verboden harddrugs. In plaats van alle drugs te verbieden of alle drugs te legaliseren moet de overheid dus veel preciezer zijn. Als een drug eenmaal verboden is, valt dat lastig terug te draaien. Bovendien kan het risico van een drug zelf flink toenemen als deze illegaal is, bijvoorbeeld doordat criminelen het vermengen met troep. Ook bij nieuwe drugs wordt vaak klakkeloos gegrepen naar een verbod. Ik vind het veel verstandiger om eerst te achterhalen hoe schadelijk een middel is en dan pas te beslissen of je het moet verbieden of dat het wijs is het gebruik juist te reguleren zoals we doen met alcohol en tabak. Het is daarbij belangrijk om je steeds af te vragen: wat is het risico? Kan iemand na gebruik makkelijk terugkomen op zijn keuze?

Bij seks geldt hetzelfde: hoe risicovoller de keuze, hoe

alerter we moeten zijn op de gevolgen. De meest risicovolle seksuele 'keuze' is de prostitutie. Een verleden van seksueel misbruik, gebroken gezinnen en andere ontwrichtende gebeurtenissen zijn niet uniek bij mensen die werken in de seksindustrie. Sommigen gaan de prostitutie in vanwege financiële problemen; het is een snelle manier om veel geld te verdienen. Het is in zo'n geval lastig vast te stellen waar de vrije wil eindigt en onvrijwilligheid begint. Bovendien kleurt de keuze om prostituee te worden ook een groot deel van je toekomst. Prostitutie is daarbij nog steeds een zeer beladen beroep: vrouwen en mannen die ooit in de prostitutie hebben gewerkt worden daar de rest van hun leven door achtervolgd en proberen dat verleden te verbergen. Aletta Jacobs merkte ooit terecht op hoe cynisch het is dat in een samenleving met legale prostitutie haar werknemers zo met de nek worden aangekeken. Realiseert iemand zich dat als ze in de prostitutie gaat werken? Een ooit gemaakte keuze heeft voor je maatschappelijke status enorme consequenties, die niet altijd makkelijk terug te draaien zijn.

Dezelfde dilemma's gelden voor de porno-industrie. Linda Lovelace, die een hoofdrol speelde in de film *Deep Throat*, is een vreselijk voorbeeld van iemand die niet eindeloos herinnerd wilde worden aan een ooit gemaakte keuze. Door internet ontstaan er ook weer nieuwe dilemma's. Mensen consumeren niet alleen porno, ze maken het steeds vaker ook zelf. Met amateurvideo's en webcams worden seksueel geladen filmpjes online gezet. Er zit een positieve kant aan. Want zolang dat echt vrijwillig gebeurt en mensen daar geen nadeel van ondervinden, kan het een interessante bijdrage leveren om het nare industriële karakter van de porno wat bij te stellen. Maar er zijn ook risico's. Ooit vrijwillig gemaakte seksuele opnamen kunnen nog jaren rondwaren op internet, ook als je er inmiddels spijt van hebt gekregen. Natuurlijk, dit soort keuzes kan niet altijd door regels en wetten worden hersteld, maar het is wel van belang dat mensen zoveel mogelijk in staat worden gesteld om niet-gewenste risico's tot een minimum te beperken. Nu zorgen veel internetproviders en bijvoorbeeld YouTube al voor mogelijkheden om in dit soort gevallen filmpjes en foto's te kunnen verwijderen.

In al deze gevallen waar de grens tussen vrijheid en on-vrijheid zo duister is, moet alles in het werk worden gesteld om mensen te wijzen op hun recht om van mening te mo-gen veranderen. Voor een prostituee moet het heel makke-lijk zijn om aan een uitstapprogramma mee te doen wan-neer ze de prostitutie wil verlaten. Bij verslaving aan drank en drugs moet de drempel om hulp te zoeken ook zo laag mogelijk zijn. Een samenleving die vrije keuze en zelfbe-schikking als moreel anker kiest, heeft de verantwoorde-lijkheid om mensen actief te wijzen op hun recht op keuze-verandering. Zelfs in de donkerste hoek van de vrije keuze hoort een helder verlicht 'uitgang'-bordje te hangen. De exit-optie moet steeds zichtbaar zijn.

Het beschermen van de jeugd

De vrije moraal is extra op haar hoede waar het jongeren betreft. Die beschikken vaak nog niet over voldoende ken-nis en zijn nog niet in staat om alle gevolgen van hun keuzes geestelijk en lichamelijk te dragen. Daarnaast kunnen kin-deren en jongeren zich nog niet zo goed verweren tegen de dwang en drang van anderen.

Maar ook dit principe zit ingewikkelder in elkaar dan het

vaak op het eerste gezicht lijkt. Want tot welke leeftijd ben je kind? In de debatten van de afgelopen honderdvijftig jaar hebben we kunnen zien dat de definitie van het begrip 'kind' nogal eens gewijzigd is. Op dit moment is iemand formeel volwassen met achttien jaar. Vanaf die leeftijd mag je bijvoorbeeld stemmen. Maar eerst was dat vanaf eenentwintig. Kinderen mogen vanaf twaalf jaar bij een echtscheiding van de ouders meebeslissen over de omgangsregeling met ouders en broers en zussen. Dat is een enorme en ingrijpende verantwoordelijkheid. Tegelijk worden kinderen op die leeftijd weer van andere verantwoordelijkheden weggehouden. Een kind kan vanaf zijn twaalfde wel strafrechtelijk vervolgd worden, maar tot zijn zestiende zijn de ouders aansprakelijk. Financieel zijn de ouders zelfs tot het eenentwintigste jaar van hun kind verplicht om in zijn onderhoud te voorzien. Nog hoger is de leeftijd waarop je het officiële minimumloon ontvangt: tot je drieëntwintigste heb je slechts recht op het zogenaamde minimumjeugdloon, dat veel lager is dan wat andere meerderjarigen krijgen. Voor de wet word je dus vanaf je twaalfde jaar steeds meer als volwassene behandeld, maar het duurt tot je drieëntwintigste voordat je in alle opzichten als volwassene wordt beschouwd. Uit deze opsomming blijkt al hoe moeilijk het is om vast te stellen wat 'kind' nu eigenlijk inhoudt.

Hetzelfde dilemma speelt ook rond seks, drank en drugs. Aan het begin van de negentiende eeuw was de minimumleeftijd voor seks twaalf jaar. Daarna werd het zestien jaar. In 1911 werd voor homo's de grens vastgesteld op eenentwintig. In 1971 werd die leeftijd weer verlaagd naar zestien, gelijk aan hetero's. Vervolgens werd in de jaren zeventig en tachtig bedacht dat kinderen seksueel vrij konden zijn vanaf hun twaalfde, wat na gebleken misbruik weer snel werd verhoogd tot zestien. Maar een rechter zal een jongen van zestien die vrijt met zijn vriendinnetje van vijftien niet snel veroordelen. Ondertussen was de minimumleeftijd voor legale prostitutie achttien jaar en inmiddels is dat eenentwintig geworden. Voor alcoholgebruik bestond tot ver in de negentiende eeuw niet eens een leeftijdsgrens. Later werd die getrokken bij zestien jaar en weer later, voor zware alcohol, bij achttien. Om cannabis te mogen kopen moest je eerst zestien zijn en later achttien. Steeds veranderde het inzicht over de vraag op welke leeftijd jongeren voldoende mentale en lichamelijke weerbaarheid hebben om doordachte keuzes te kunnen maken.

De vraag wanneer iemand 'oud genoeg' is valt dankzij de wetenschap steeds beter te beantwoorden. Uit onderzoek blijkt dat de hersenen van jongeren nog tot hun drieëntwintigste in ontwikkeling zijn.[5] Tot die leeftijd blijkt het menselijk lichaam extra kwetsbaar voor bijvoorbeeld alcohol- en drugsgebruik: hoe jonger hoe kwetsbaarder. Door dit soort nieuwe inzichten is het belangrijk de leeftijdsgrenzen die er voor alcohol- en drugsgebruik bestaan streng te bewaken. Als een puber te veel drinkt, kost hem dat immers niet alleen een deel van zijn schoolloopbaan, maar heeft dat ook onherstelbare gevolgen voor zijn hersenontwikkeling. Jongeren lopen in meerdere opzichten risico's bij een verkeerde keuze, dus verdienen ze extra bescherming.

Het belang van informatie

Naast de wettelijke bescherming van jongeren moet er nog veel meer gebeuren. Want ondanks wetten en regels moeten we natuurlijk niet naïef zijn: jongeren zullen altijd proberen te experimenteren. Een simpel 'Mag niet!' helpt niet. Er zal steeds geprobeerd worden om onder dat soort regels uit te komen. We zullen naast de papieren regels vooral met overtuigende argumenten en informatie moeten komen om onherstelbare risico's te helpen voorkomen.

Allereerst moeten ouders goede informatie krijgen die ze kunnen benutten bij het opvoeden van hun kinderen. Maar ook in het onderwijs moet aandacht zijn voor de risico's van seks, drank en drugs. Goede seksuele voorlichting is een zeer effectief middel gebleken in het voorkomen van ongewenste zwangerschappen. Voor kwetsbare groepen meisjes kan informatie over de risico's van loverboys en prostitutie zeer belangrijk zijn om hen weerbaarder te maken. Voorlichting over homoseksualiteit en de seksuele zelfstandigheid van meisjes blijken homofoob geweld en agressie tegen vrouwen te verminderen. Het is daarom van groot belang dat scholen hieraan aandacht geven. Uit onderzoek[6] blijkt dat er veel goed gaat: de gemiddelde leeftijd van de eerste keer seks is al jaren dezelfde gebleven en het merendeel van de jongeren beschermt zich nog steeds goed tegen zwangerschap. Maar nog te veel meisjes hebben tegen hun zin seks. Hoewel homojongens tegenwoordig eerder uit de kast komen, wordt homoseksualiteit onder jongeren – zowel allochtone als autochtone – vaak niet geaccepteerd. Ook de gedachte dat jongeren al hun kennis op het gebied van seksualiteit tegenwoordig wel opdoen via internet en televisie is maar deels waar. De lawine aan seksuele prikkels die via de media over jongeren wordt uitgestort, en het beeld van vrouwen en mannen dat daaruit naar boven komt, is nuttig materiaal voor discussies hierover in de klas.[7] Gesprekken over respect en tolerantie zijn belangrijke pijlers van echte seksuele vrijheid. Die zijn al helemaal van

belang voor jongeren die van huis uit soms zeer achterhaal-
de opvattingen meekrijgen. Scholen moeten zich niet ver-
schuilen achter religieuze argumenten om hun leerlingen
informatie te onthouden, en ze mogen vooral niet uit angst
voor 'moeilijke discussies' deze onderwerpen uit de weg
gaan.

Bij drank en drugs is informatievoorziening misschien
nog wel belangrijker. Minderjarige jongeren komen bijvoorbeeld via illegale dealers of een oudere vriend toch
vaak aan drank en drugs, die ze thuis, buiten of in een
schuur uitproberen. Vaak gebeuren in dit soort omstandigheden de grootste ongelukken. Jongeren drinken zich in, of
gebruiken drugs, en als er iets fout gaat weten ze niet wat ze
moeten doen. Juist dit soort jongeren moet overladen worden met informatie. Ouders en scholen moeten worden geholpen signalen van alcohol en drugsproblemen eerder te
herkennen, zodat op tijd wordt ingegrepen als er iets fout
dreigt te gaan.

Voorlichting moet niet beperkt blijven tot jongeren. Hoe
belangrijk voorlichting ook aan volwassenen is zien we bijvoorbeeld als een karrenvracht jonge Engelse of Franse toeristen Amsterdam binnenkomt. Ze storten zich zonder enige kennis van zaken op alle drank en drugs die ze maar
tegenkomen. In een weekend tijd wordt alles door elkaar
geconsumeerd, met grote risico's. Wat dat betreft hebben
veel Nederlanders een duidelijke voorsprong. Kennis van
en informatie over seks, drugs en drank zijn hier royaal beschikbaar, wat ook te zien is aan het relatief beperkte aantal
Nederlanders die in de problemen komen. Maar het kan altijd beter. Ik vind dat er veel meer informatie moet worden
verstrekt op plekken waar drank en drugs ook echt gebruikt
worden. In een zaak met een drankvergunning moet ook

altijd informatie over drankmisbruik en verslaving gegeven kunnen worden. Datzelfde geldt ook voor coffeeshops: geef de klant meer gedetailleerde informatie over de risico's van cannabis en de sterkte van het product. Dit soort informatie kan problemen helpen voorkomen, of de drempel verlagen om eerder hulp te zoeken.

Goede voorlichting blijkt effectief. Het gebruik van heroïne is in Nederland zeer laag omdat mensen weten en zien hoe verslavend het is. Problemen met xtc zijn in Nederland relatief beperkt omdat mensen hun pillen kunnen testen en gebruikers over het algemeen veel weten over het effect van de pillen. De schadelijke gevolgen van cocaïnegebruik zijn bij veel gebruikers helaas minder bekend. Daarover moet wat mij betreft veel meer voorlichting worden gegeven, vooral op het platteland, waar cocaïne een zeer populaire drug aan het worden is. De effectiviteit van goede voorlichting blijkt ook uit de dalende cijfers van alcohol- en cannabisgebruik. Terwijl er in de Tweede Kamer werd gesoebat over de vraag of de alcoholleeftijd naar achttien jaar moest, is de afgelopen jaren heel veel gedaan aan voorlichting over alcohol en cannabis. Ouders en minderjarige jongeren blijken sneller problemen te herkennen en stappen veel eerder naar de hulpverlening. Problemen worden ook door scholen veel eerder herkend en serieus genomen. De hoeveelheid minderjarigen die drinken en blowen is daardoor de afgelopen jaren flink afgenomen.[8] De Nederlandse jeugd stond enkele jaren bekend als de grootste zuipschuiten van Europa, maar die dubieuze titel zijn we gelukkig weer kwijt. Informatie geven en je ogen openhouden werkt dus, en werkt soms sneller dan wettelijke verboden.

Hoe ver de vrije moraal met voorlichting gaat, blijkt bijvoorbeeld bij de informatie over geslachtsziektes. In de negentiende eeuw werd nog wel eens getwijfeld of de overheid zich hiermee moest bemoeien, en nog steeds kan je hier vraagtekens bij zetten. Is het echt de taak van de overheid om in het uitgaansleven en op televisie 'safe sex' te promoten? Ik denk het wel. Juist *in the heat of the moment* kunnen mensen zo overweldigd worden door seksuele driften dat dit een nuchtere afweging in de weg kan staan. De gevolgen van een verkeerde keuze kunnen heel groot zijn: een hiv-besmetting is letterlijk levensbedreigend, en zal je leven drastisch veranderen en je keuzevrijheid beperken. Door mensen expliciet aan te raden veilig te vrijen help je hen een meer overwogen keuze te maken. Bemoeienis leidt in zo'n geval dus tot behoud van vrijheid.

Behalve over de effecten van seks, drank en drugs moeten mensen zoveel mogelijk worden geïnformeerd over hun persoonlijke kwetsbaarheid. Niet alleen jongeren zijn lichamelijk kwetsbaarder, ook ouderen lopen een verhoogd risico. De stofwisseling bij 55-plussers verloopt langzamer en drank en drugs worden minder snel afgebroken. Ouderen hebben meer tijd nodig om te herstellen en zijn dus kwetsbaarder dan andere volwassenen. Het wordt bovendien steeds makkelijker om de genetische aanleg voor verslaving of schizofrenie vast te stellen. Iemand die aanleg heeft voor schizofrenie loopt, als hij alcohol of drugs gebruikt, een groot risico dat dit zich openbaart. Inzicht in de werking van je eigen lichaam is dus van essentieel belang. Mits deze informatie privé is, en niet door anderen kan worden misbruikt, kan deze kennis de zelfbeschikking en keuzevrijheid versterken.

Het schadebeginsel

Een ander belangrijk principe van de vrije moraal is het beginsel dat jouw vrijheid niet mag leiden tot schade voor een ander. Vaak is heel duidelijk waar deze grens ligt. Zo mag je niemand dwingen tot seks. Mensenhandel in de prostitutie is daarom natuurlijk uit den boze. Je bent ook niet vrij om dronken auto te gaan rijden, waardoor je anderen in gevaar brengt. Cafés en supermarkten die alcohol verkopen aan minderjarigen verdienen ook straf. Dit soort heldere uitvloeisels van het schadebeginsel zijn in de wet opgenomen, en moeten ook stevig gehandhaafd worden.

Maar wie het schadebeginsel echt serieus neemt, kijkt verder dan de wet. Veel dilemma's gaan immers verder dan wat we bij wet kunnen regelen. De vrije moraal heeft ook in dit grijze gebied uitgangspunten die kunnen helpen een persoonlijke afweging te maken.

Een voorbeeld. Als iemand af en toe cocaïne snuift, hoeft hij niet direct verslaafd te raken of hinderlijk te zijn voor zijn directe omgeving. Hoewel cocaïne een illegaal product is, is het gebruik ervan niet illegaal, dus je zou kunnen zeggen dat zich hier geen moreel probleem voordoet. Cocaïne is echter wel een product dat op een zeer bedenkelijke wijze tot stand komt. Van productie tot aan de verkoop zit de keten vol onderdrukking van de lokale boeren, maffiageweld en corruptie in Zuid-Amerika. Kan een cocaïnegebruiker medeverantwoordelijk worden gehouden voor het afnemen van zo'n product? Het vergt een stevige persoonlijke afweging. Ik verwonder me erover dat sommige mensen biologische producten kopen, zich zorgen maken over kinderarbeid en de 'ecologische voetafdruk' in de derde wereld, maar toch cocaïne snuiven. Als er namelijk één product is dat een zeer negatieve ethische voetafdruk neerzet in andere delen van de wereld, dan is het wel cocaïne. Vaak wordt dan tegengeworpen dat die problemen worden veroorzaakt doordat het verboden is. Dat argument snijdt hout: de *war on drugs* doet inderdaad meer schade dan goed in de wereld, en voedt eerder de maffia en de criminaliteit dan dat die worden bestreden. Maar zolang dat wereldwijde beleid niet is aangepast blijven de productie en handel van cocaïne vooralsnog hetzelfde. Is er dan in de tussentijd echt geen drug beschikbaar die een minder grimmig bloedspoor achterlaat?

Bij andere illegale drugs doen zich dezelfde vragen voor, maar wel in verschillende gradaties. Heroïne komt ook van ver, en daar kleeft – nog los van de schade voor de gezondheid – hetzelfde lange spoor van ellende aan. De productie van xtc en andere synthetische drugs vindt voornamelijk in West-Europa plaats, in geïmproviseerde laboratoria. Van de criminaliteit rond die illegale productie hebben we dus vooral zelf last. Je zou kunnen zeggen dat daarmee de schade die je ermee berokkent kleiner is. Dat concluderen trouwens ook de Verenigde Naties in hun jaarlijkse 'World Drug Report'.[9]

Bij cannabis is het dilemma nog overzichtelijker. De teelt is weliswaar nog steeds niet gereguleerd en dus ook in handen van illegale telers, maar de verkoop is wel keurig geregeld via coffeeshops. De keten is dus al behoorlijk opgeschoond, zeker als je het vergelijkt met bijvoorbeeld cocaïne. De oplossing voor een geheel schone cannabisketen is bovendien goed zelf te regelen. Ik vind dat Nederland zo snel mogelijk moet besluiten om naast de verkoop van cannabis ook de teelt eindelijk eens netjes te regelen. Dat kan veel onnodige schade voorkomen, ook omdat er dan toezicht is op de kwaliteit en de sterkte van de cannabis. De illegale dealers en telers die dan nog overblijven moeten hard worden aangepakt.

Ook bij seksuele 'producten' is het belangrijk door te vragen naar de schade die ermee wordt aangebracht. Dat geldt zowel bij porno als prostitutie. Prostitutie is voor de wet net zo legaal als bijvoorbeeld een bezoek aan een parenclub, maar in de prostitutie is er een groter risico dat er een mate van onvrijwilligheid meespeelt. Onvrijwillige prostitutie is verboden, maar het is niet altijd makkelijk die onvrijwilligheid aan te tonen. Het ontslaat iemand dan niet van de taak zelf zijn verstand te gebruiken. Om het maar scherp te stellen: iemand zou toch aan zijn water moeten voelen dat er een groot verschil is tussen een schoon bordeel waar volwassen, zelfbewuste vrouwen goed betaald worden, en een afwerkplek met een schichtig meisje dat net meerderjarig is geworden. De wet heeft een belangrijke taak in het voorkomen en bestraffen van schade aan anderen, maar er ligt ook een grote morele verantwoordelijkheid bij mensen zelf.

De Kamer en huiskamer

In dit boek is veel gezegd over wetten, regels en voorlichting. Ik ben ervan overtuigd dat heel veel problemen op het gebied van seks, drank en drugs kunnen worden beperkt door jongeren en volwassenen zelf sterker en weerbaar te maken. We zullen ook wel moeten, want het zal voor de wetgever steeds lastiger worden om alle ontwikkelingen bij te houden. We weten dat die insteek in Nederland in ieder geval vaak succes heeft gehad. Het allergrootste gedeelte van de jongeren heeft dan ook geen noemenswaardige problemen. De Nederlandse jeugd blijkt bovendien de gelukkigste ter wereld te zijn.[10]

Het allerbelangrijkste element van dat succes is misschien nog niet genoeg onderstreept: de opvoeding. De belangrijkste basis voor een verantwoordelijk gebruik van vrijheid wordt thuis gelegd. De overheid kan mensen helpen aan informatie, en aan de hand van de wet helpen de jeugd te beschermen, maar het effect daarvan is altijd beperkt. Gesprekken over seks, drank en drugs in de huiskamer zijn veel belangrijker dan de debatten daarover in de Tweede Kamer. Veel mensen kunnen de stelregels van hun ouders nog dromen. Ga verantwoordelijk om met risico's. Gooi jezelf niet te grabbel. Dwing anderen nergens toe. Loop niet blind achter anderen aan. Leer jezelf te beheersen. Blijf van drank en drugs af als je daarvoor te jong bent. Raak in ieder geval niet afhankelijk, hou je hoofd erbij. De uitkomst van dat soort gesprekken kan zeer verschillend zijn. De een zal veel willen experimenteren, waar de ander juist wacht op de ware liefde – en alles wat daartussenin zit. Dezelfde verschillen zijn er bij drank- en drugsgebruik. De een zal geen druppel drank willen aanraken en de ander houdt het liever bij een biertje af en toe.

Het is ook in eerste instantie aan de ouders om duidelijke grenzen aan te geven van wat is toegestaan. Ouders hebben de verantwoordelijkheid om hun kinderen thuis niet naar films te laten kijken waar ze nog te jong voor zijn. De overheid kan wetten maken dat er geen alcohol onder een bepaalde leeftijd verkocht mag worden, maar als ouders drankgebruik vervolgens thuis wel toestaan, dan valt daar weinig tegen te beginnen. Aanhangers van de 'christelijke moraal' gebruiken dit argument regelmatig ook omgekeerd. 'Hoe kun je als ouder je kind wijzen op de risico's van cannabis als coffeeshops gewoon mogen bestaan?' Ik vind dat een vreemd argument. Een kind mag onder de achttien geen jenever kopen. Is het bestaan van cafés dan ook een vorm van uitlokking, en moeten die dan gesloten worden? Ook mag je onder de achttien niet zelfstandig autorijden. Toch vinden we niet dat een automobilist jongeren ertoe aanzet zich niet aan die wet te houden. Net zoals je aan een kind moet uitleggen dat hij als hij kleiner is dan 1,10 meter niet in een achtbaan mag omdat hij anders uit de veiligheidsbeugels kan vallen, moet aan jongeren worden uitgelegd dat hun lichaam nog niet volgroeid genoeg is om drank en drugs aan te kunnen. Voor sommige zaken ben je nu eenmaal te jong.

Het overgrote deel van de mensen blijkt in staat hierin een goede afweging te maken. Maar uit diezelfde cijfers blijkt dat er ook een deel van de mensen is dat wel in de problemen komt. De zorgen om die groep, het gaat ongeveer om 10 tot 15 procent van de mensen, zijn de afgelopen honderdvijftig jaar veelvuldig besproken in de Tweede Kamer. Vaak wordt die groep bestempeld als 'laagopgeleid' en 'onderklasse'. Zij zouden het slachtoffer zijn van de cultuur van vrijheid waar anderen wél goed mee om kunnen gaan. Ik denk dat dit veel te simpel is. Allereerst is Nederland niet opgedeeld in alleen hoog- en laagopgeleiden, of armen en rijken. De grootste groep Nederlanders heeft een modaal inkomen en blijkt over het algemeen prima te kunnen omgaan met risico's. Ook de meeste mensen met een laag inkomen en een lage opleiding kunnen niet zomaar worden ingedeeld in de categorie 'probleemgevallen'. Zo simpel zit de samenleving niet in elkaar. Ook hier moeten we veel specifieker zijn.

Allereerst zijn er de jongeren die door 'domme' keuzes in de problemen komen. De meeste ouders van jongeren die op de EHBO komen met een alcoholvergiftiging zijn daar zeer verbaasd en geschokt over. Ze hadden niet verwacht dat hun kind zo'n risico zou nemen. De meeste van dit soort jongeren komen met de schrik vrij, en weten snel weer het rechte pad te vinden.

Maar er zijn ook hardnekkiger gevallen. Soms zijn jongeren, maar ook volwassenen, zo kwetsbaar dat ze om de haverklap ten prooi vallen aan drank of drugs, of extra kwetsbaar zijn voor seksuele uitbuiting. Hier is niet één aspect aan te merken als veroorzaker van problemen, maar is het vaak een optelsom. Het is niet alleen een lager opleidingsniveau, maar dikwijls ook een geschiedenis van gebroken gezinnen, verslaving van de ouders en een lage sociale status. Een zeer groot deel van de harddrugsverslaafden blijkt voordat ze begonnen met drugs al op jonge leeftijd langdurig te maken hebben gehad met agressie, pleegzorg, verslaafde ouders, psychiatrische problemen. Het gebruik van cocaïne of heroïne werd een manier om met deze problemen om te gaan.[11] Ook bij andersoortige jongeren die bijvoorbeeld last hebben van gedragsstoornissen is deze vorm van 'zelfmedicatie' bekend. Ze gaan heel veel blowen, bijvoorbeeld, om rustig te blijven. Naast deze gevallen zijn er vele andere soorten probleemgevallen, van de bankier met een cokeverslaving tot een huisvrouw die thuis haar verdriet verdrinkt.

Bij deze jongeren en volwassenen heeft het geen zin om met een informatiefolder te komen aanzetten, laat staan met extra wetten. Hier moet de overheid, of ze nu geïnspireerd wordt door de vrije of de christelijke moraal, gewoon handwerk leveren. Jeugdzorg, de verslavingszorg, leerkrachten en de politie moeten veel eerder de koppen bij elkaar steken als dit soort gevallen zich voordoet. Dat die hulpverlening veel beter moet is dagelijks te horen in de praktijk. Zelfs na een goede opvoeding kan het, ondanks alle pogingen van de ouders om slecht gedrag te corrigeren, toch fout gaan. Ik heb de afgelopen jaren te veel ouders gesproken die in pure wanhoop waren over hun kind. Ze kregen geen poot aan de grond bij Jeugdzorg of de politie. Te vaak worden verantwoordelijkheden afgeschoven of wordt informatie niet gedeeld, terwijl het kind steeds verder wegzakt in de ellende. Juist dan is een helpende hand vereist die zich niet verschuilt achter de bureaucratie.

Bij de dilemma's rond seks, drank en drugs moeten we ons in ieder geval realiseren dat niet alle heil van de overheid, laat staan van wetgeving moet komen. Het is erg verleidelijk om bij een probleem in de samenleving meteen om een nieuwe wet of aanscherping ervan te roepen. Het wekt de indruk dat je door het instellen van een regel de problemen pas echt serieus neemt. Maar is dat zo? Een comazuiper wordt niet voorkomen door een simpele aanpassing in de wet, en misstanden in de prostitutie evenmin. Johan Rudolph Thorbecke noemde dat zo mooi 'de magteloosheid van den wetgever, de ijdeldrift zijner pogingen'. De wereld valt maar heel beperkt bij te sturen door het eenvoudig optekenen van een wet; daar is meer voor nodig. In plaats van tijd te verdoen met het concentreren op papier, kan je beter je ogen opslaan en zien wat er voor je staat.

Die verantwoordelijkheid ligt niet alleen bij familie, vrienden en hulpverleners, maar net zo goed bij de café-eigenaar die iemand aan zijn tap heeft met overduidelijk een groot alcoholprobleem: 'Moet jij niets eens hulp gaan zoeken, jongen?' Als de vrijheid van mensen fundamenteel in gevaar komt moeten we niet bang zijn om ons ertegenaan te bemoeien.

De plicht om door te vragen

Nederland stond ooit te boek als een deugdzaam landje. 's Avonds bleven de gordijnen open, om de buren te tonen dat er niets zondigs gebeurde. Sinds de jaren zestig is dat veranderd. Vaste patronen werden opgeschud en taboes doorbroken. De maatschappelijke en politieke openheid was in Nederland soms zo groot dat het iets exhibitionistisch had. Waar in andere landen 'zonden' oogluikend werden toegestaan, werd het hier vastgelegd in wetten, voorschriften en afspraken. Zelfs waar we zeiden iets te gedogen werd het feitelijk gewoon gereguleerd, in alle openheid. Dat het buitenland soms raar aankijkt tegen onze vrijheden heeft naar mijn mening niet zozeer te maken met het feit dat Nederland praktisch wenst om te gaan met dilemma's rond seks, drank en drugs – dat doen veel andere landen vaak zelf ook – als wel met onze schaamteloze eerlijkheid. Vroeger hadden we de gordijnen open om te tonen dat er niets zondigs gebeurde, nu hebben we ze nog steeds open, maar juist om aan iedereen te tonen wat we allemaal doen. Die openheid is een belangrijke voorwaarde voor succes geweest. Van het beperken van harddrugsdoden tot het voorkomen van tienerzwangerschappen – openheid heeft geleid tot een relatief grote kennis van de risico's van seks, drank en drugs. Nederland moet die visie weer met kracht durven uitdragen in het buitenland.

Maar ook in Nederland zelf mag die openheid gekoesterd worden, en door de aanhangers van vrije moraal in het bijzonder. Want de openheid staat onder druk. Niet alleen door conservatieve religieuze stromingen, maar ook door de morele paniek die regelmatig in de media en in de politiek wordt aangewakkerd. Incidenten rond seks, drank en drugs worden dan opgeblazen tot monsterachtige proporties, waardoor het zicht op de werkelijkheid verdwijnt. Die panieksfeer helpt niet om mensen goed te informeren over risico's, of om de drempel te verlagen hulp te zoeken bij een probleem. Als bij elk incident meteen naar een verbod wordt gegrepen, dan holt dit bovendien het effect van wetgeving uit.

Misschien is het ook een beetje wennen voor de vrije moraal. De afgelopen twee eeuwen heeft hij moeten bestaan onder een grote dominantie van religieuze uitgangspunten. De vrije moraal is daar lang een soort tegenbeweging van geweest. Ik verzet me niet tegen de inspiratie die religieuze uitgangspunten kunnen bieden, integendeel. Maar het is onjuist als wordt gesteld dat zonder die uitgangspunten er geen richting aan de samenleving kan worden gegeven. Nu Nederland voor een groot gedeelte, zowel politiek als maatschappelijk, is losgekomen van religieuze leiding, is het wennen voor de vrije moraal dat die nu feitelijk de hoofdstroming is. Bij die positie hoort de verantwoordelijkheid om jezelf nog beter te ondervragen op de consequenties van je uitgangspunten.

De vrije moraal biedt ruimte voor risico's maar stelt ook duidelijke grenzen, reguleert als dat nodig is, en bestraft misstanden. De uitgangspunten zijn de afgelopen honderdvijftig jaar steeds aangepast aan praktische ervaring en de nieuwste wetenschappelijke inzichten. En die lenigheid blijft nodig. Voortdurend veranderen omstandigheden en wetenschappelijke inzichten. Drugs zullen steeds vaker in de eigen omgeving worden geproduceerd, en seksuele diensten worden steeds meer aan ons oog onttrokken. Bij die nieuwe ontwikkelingen zal een papieren wet vaak geen oplossing bieden en moeten mensen zelf een afweging maken. Ben ik echt vrij in mijn keuze? Kan ik nog terug? Heb ik voldoende informatie? Welk risico loop ik? Ben ik volwassen en weerbaar genoeg? Welke schade breng ik iemand anders toe? Juist als de werkelijkheid niet meer in wetten te vangen is, moet er scherp worden doorgevraagd. Soms wordt de vrije moraal bijna letterlijk handwerk: mensen die verstrikt zijn geraakt in hun eigen keuze moeten desnoods aan de hand worden genomen zodat ze de nooduitgang kunnen vinden.

We hebben kunnen zien dat de vrije uitgangspunten, mits goed onderhouden, een richtsnoer vormen in het vermijden van onverschilligheid, misbruik, ideologische verblinding en het onnodig lopen van te grote risico's. De vrije moraal is een arbeidsintensieve moraal, waarbij je niet achterover kunt leunen en gemakkelijk wijzen naar een eeuwenoud boek. Omdat omstandigheden steeds veranderen leeft zij bij gratie van voortdurend debat en een scherp oog voor de praktische uitwerking. Niet door een oogje toe te knijpen, de ogen te sluiten of weg te kijken, maar door met opengesperde ogen de dilemma's rond seks, drank en drugs tegemoet te treden.

In dit boek heb ik willen laten zien hoe rijk de uitgangspunten en de geschiedenis van de vrije moraal zijn. Die principes zijn het waard om steeds verder verfijnd maar ook verdedigd te worden. En dat moet gebeuren volgens goede Nederlandse traditie, met de gordijnen wijd open.

Woord van dank

Bij het schrijven van dit boek heb ik veel steun gehad aan mensen die hebben willen sparren, meelezen, en informatie hebben aangedragen. Ik dank vooral Sanne van Oosten, Bas Blanken, Loes Reijmer en Paul Teule. De samenwerking met Uitgeverij Prometheus/Bert Bakker is me zeer bevallen. In korte tijd hebben Job Lisman, Nienke Beeking, Charley Muhren en Ronit Palache geweldig werk geleverd. Ook veel dank aan Sanne Bekkenutte, Duane van Diest, Thijs Kleinpaste, Jorg Zinken, Rob Goossens, Dirk Minnebo, Jasper Risschen, Harminke Medendorp, Frank Hoeve en niet te vergeten de medewerkers van het Centraal Informatie Punt van de Tweede Kamer. Zij maakten me wegwijs in de historische 'Handelingen van de Tweede Kamer der Staten Generaal'. www.statengeneraaldigitaal.nl

Noten

HET LAND VAN SEKS EN DRUGS

1   'Bevolking kampt met morele scheurbuik', *Trouw*, 10 januari 2003.
2   Drugsdebat, Handelingen Tweede Kamer, 1 maart 2012.

REVOLUTIE EN OPEN GORDIJNEN

1   'Does history repeat itself?', Cal Thomas op FOX News, 6 december 2004.
2   *The O'Reilly Factor*, 8 december 2008.
3   Voorstel Hoëvell, Handelingen der Staten-Generaal, 1856-1857.
4   Handelingen der Staten-Generaal, 14 februari 1856.
5   http://www.alcoholinfo.nl/.
6   Handelingen der Staten-Generaal, 1879-1880.
7   Idem.
8   Domela Nieuwenhuis, ww 38, 1937.

9   H.J. Smidt, Geschiedenis van het Wetboek van Straf-
    recht, 1891.

10 *Hoe God verdween uit de Tweede Kamer*, Eginhard
    Meijering, 2012.

11 Handelingen Tweede Kamer, 21 februari 1911.

12 Idem.

13 Idem.

14 Idem.

15 Handelingen Tweede Kamer, 23 februari 1911.

16 Handelingen Tweede Kamer, 21 februari 1911.

17 Idem.

18 Idem.

19 Idem.

20 'Het Londensche schandaal', *Algemeen Handelsblad*,
    7 april 1885.

21 Handelingen Tweede Kamer, 28 februari 1911.

22 Handelingen Tweede Kamer, 21 februari 1911.

23 Abraham Kuyper, *Ons Program*, 1879.

24 http://www.alettajacobs.org.

25 Handelingen Tweede Kamer, 2 maart 1911.

26 S.B. van Oosten, *De zichtbaarheid van homoseksualiteit
    door de jaren heen*, 2011.

27 http://geschiedenis.vpro.nl/.

28 E. Tellegen, *Het utopisme van de drugsbestrijding*, 2008.

29 Idem.

30 'De Nederlandse overheid was zelf drugsbaron', NRC
    Handelsblad, 8 maart 2001.

31 Handelingen Tweede Kamer, 18 november 1928.

32 Handelingen Tweede Kamer, 29 januari 1964.

33 *Hoe God verdween uit de Tweede Kamer*, Eginhard
    Meijering, 2012.

34 Idem.

35 Handelingen Tweede Kamer, 20 oktober 1965.

36 Handelingen Tweede Kamer, 21 januari 1969.

37 Vaststelling hoofdstuk VI (Justitie) 1969.

38 Handelingen Tweede Kamer, 16 februari 1976.

39 'Hoe Den Haag de pedo's vertroetelde', *De Groene Amsterdammer*, 20 oktober 2006.

40 Handelingen Tweede Kamer, 7 november 1990.

41 Handelingen Tweede Kamer, 31 augustus 1994.

42 Handelingen Tweede Kamer, 31 mei 2001.

43 Idem.

44 'Cocaïnegebruik zorgt voor een keten van ellende', Boris Dittrich, 13 september 2003.

45 Handelingen Tweede Kamer, 20 september 1995.

46 Rapport Sorgdrager, Tweede Kamer, vergaderjaar 1994-1995, 24077, p. 15.

47 Toespraak opheffing bordeelverbod, minister Korthals, 19 mei 1999.

48 Handelingen Tweede Kamer, 27 januari 1999.

49 Handelingen Tweede Kamer, 1 februari 2011.

50 'Seksmoraal is losgeslagen', *Algemeen Dagblad*, 10 november 2008.

51 Handelingen Tweede Kamer, 18 december 2002.

52 'Hunkemöller, daar liep mijn oma in!', *Vrij Nederland*, 19 mei 2007.

53 http://truthaboutamsterdam.com/.

54 United Nations Office on Drugs and Crime, 'World Drug Report 2008'.

1   www.rtvnl.nl, '54 aanhoudingen op rustig Sensation', 5 juli 2009.

2   www.veiligengezonduitgaan.nl en Jan Krul.

3   Nutt, D.; King, L.A.; Saulsbury, W.; Blakemore, C. (2007). 'Development of a rational scale to assess the harm of drugs of potential misuse'. *The Lancet.*

4   'Government drug adviser David Nutt sacked', *The Guardian*, 30 oktober 2009.

5   *Puberhersenen in ontwikkeling*, Hersenstichting Nederland, 2011.

6   *Seks onder je 25ste*, Rutger Nisso 2012.

7   *Jongeren, media en seksualiteit*, Peter Nikken, Nederlands Jeugdinstituut (2007).

8   'Health Behaviour in School-aged Children', Wereldgezondheidsorganisatie 2012.

9   United Nations Office on Drugs and Crime, 'World Drug Report 2008/2011'.

10 'Health Behaviour in School-aged Children', Wereldgezondheidsorganisatie 2012.

11 Witteveen, *Knowledge gained through experience in young problem drug users*, 2008.

Lijst van genoemde personen

Agema, Fleur – Tweede Kamerlid voor de PVV sinds 2006.

Agt, Dries van – Minister van Justitie van 1971-1977. Minister-president van 1977-1982 en eerste politiek leider van het CDA van 1976-1982. Hij was ook Tweede Kamerlid.

Albayrak, Nebahat – Tweede Kamerlid voor de PvdA van 1998-2007 en sinds 2010. Was staatssecretaris van Justitie (o.a. vreemdelingenzaken) van 2007-2010.

Asscher, Lodewijk – Wethouder namens de PvdA in Amsterdam vanaf 2006.

Balkenende, Jan Peter – Minister-president en minister van Algemene Zaken van 2002-2010 in vier verschillende kabinetten. Tweede Kamerlid voor het CDA van 1998-2002.

Barth, Marleen – Tweede Kamerlid voor de PvdA van 1998-2002. Was van 2003-2004 lid van de Provinciale Staten van Noord-Holland en is sinds 2011 lid van de Eerste Kamer.

Beelaerts van Blokland, Frans – Minister van Buitenlandse Zaken van 1927-1933, lid van de CHU. Was van 1933 tot aan zijn dood in 1956 vicepresident van de Raad van State.

Bolkestein, Frits – Prominent VVD-lid. Was in de periode 1978-2004 Tweede Kamerlid, fractievoorzitter, staatssecretaris van Economische Zaken, minister van Defensie en lid van de Europese Commissie.

Borst, Els – Minister van Volksgezondheid, Welzijn en Sport in beide paarse kabinetten van 1994-2002. Ook lijsttrekker voor D66 in 1998.

Brongersma, Edward – Eerste Kamerlid voor de PvdA van 1946-1977.

Brummelkamp, Anthony – Tweede Kamerlid voor de ARP van 1897-1918.

Buijs, Siem – Tweede Kamerlid voor het CDA van 1998-2006. Voor zijn Kamerlidmaatschap was hij huisarts.

Colijn, Hendrik – Minister-president in de perioden 1925-1926 en 1933-1939. Was tussen 1909 en 1944 onder andere Tweede Kamerlid namens de ARP, Eerste Kamerlid en meerdere malen minister.

Cremer, Jan – Schrijver en beeldend kunstenaar. Werd bekend met zijn boek *Ik, Jan Cremer* in 1964. Door zijn openlijke en expliciete manier van schrijven over (onder andere) seks hebben zijn eerste boeken veel stof doen opwaaien.

Dam, Martijn van – Tweede Kamerlid voor de PvdA sinds 2003.

Diepenhorst, Isaäc Arend – Tweede Kamerlid voor de ARP van 1967-1971. Was ook minister van Onderwijs, Eerste Kamerlid voor de ARP en later voor het CDA.

Dijsselbloem, Jeroen – Tweede Kamerlid voor de PvdA vanaf 2000.

Dis, Cor van – Tweede Kamerlid voor de SGP van 1971 tot 1994.

Dittrich, Boris – Tweede Kamerlid voor D66 van 1994-2006. In de periode 2003-2006 was hij fractievoorzitter van de D66-fractie.

Donner, Piet Hein – Was in de periode 2002-2006 minister van Justitie. Later ook minister van Sociale en Binnenlandse Zaken. Nu vicevoorzitter van de Raad van State.

Drees, Willem – Minister-president van 1948-1958, leider van de PvdA.

Duymaer van Twist, Lodewijk Franciscus – Is met zijn Kamerlidmaatschap van 1901-1946 het langstzittende Kamerlid in de parlementaire geschiedenis.

Es, Andrée van – Tweede Kamerlid en fractievoorzitter voor de PSP en later GroenLinks van 1981-1990.

Fortuyn, Pim – Voormalig hoogleraar en columnist die in 2001 de politiek betrad. Richtte in 2002 de LPF op waarmee hij af leek te stevenen op een grote verkiezingswinst tot hij vlak voor de verkiezingen vermoord werd.

Geertsema, Molly – VVD-politicus in de periode 1950-1987. Was onder andere minister van Buitenlandse Zaken, Tweede Kamerlid, Eerste Kamerlid en twee keer burgemeester.

Gesthuizen, Sharon – SP-Kamerlid sinds 2006.

Halsema, Femke – Tweede Kamerlid voor GroenLinks van 1998-2011, vanaf 2002 als fractievoorzitter.

Heemskerk, Theo – Minister-president in de periode 1908-1913. Was als ARP-politicus van 1882-1932 actief in verscheidene politieke functies.

Heerma, Enneüs – Tweede Kamerlid voor het CDA van 1989-1997, daarvoor staatssecretaris van Economische Zaken en staatssecretaris van Volkshuisvesting, Ruimtelijke Ordening en Milieubeheer. Was fractieleider van de CDA-fractie onder het eerste paarse kabinet.

Helsdingen, Willem – Tweede Kamerlid voor de SDAP van 1901-1921.

Hirsch Ballin, Ernst – In de periode 1989-1994 en tussen 2006-2010 minister (Justitie en Binnenlandse Zaken), Tweede Kamerlid. Was ook Tweede en Eerste Kamerlid namens het CDA.

Hugenholtz, Frederik – Tweede Kamerlid voor de SDAP van 1901 tot 1916.

Imkamp, Sef – Tweede Kamerlid voor D66 van Limburgse afkomst van 1967-1977.

Jacobs, Aletta – Feministe die als eerste Nederlandse vrouw een medische universitaire studie afrondde. Was de belangrijkste voorvechtster voor het vrouwenkiesrecht. Actief in de Vrijzinnig Democratische Bond, maar werd in 1918 niet gekozen in de Tweede Kamer.

Klink, Ab – Minister van Volksgezondheid, Welzijn en Sport van 2007-2010. Eerste Kamerlid voor het CDA van 2003-2007 en Tweede Kamerlid in 2010.

Kok, Wim – Leider van de twee paarse kabinetten tussen 1994 en 2002, waarin PvdA, VVD en D66 met elkaar samenwerkten.

Kuyper, Abraham – Stichter en voorman van de eerste politieke partij in Nederland, de ARP. In de periode 1901-1905 gaf hij leiding aan een kabinet van katholieken en anti-revolutionairen.

Lamberts, Jan – PvdA-politicus die van 1945 tot 1979 achtereenvolgens zitting had in de gemeenteraad van Rotterdam, de Tweede Kamer, de Eerste Kamer en het Europees Parlement.

Leerling, Meindert – Tweede Kamerlid en fractievoorzitter van de RPF van 1981 tot 1994.

Mill, John Stuart – Engels filosoof en econoom (1806-1873). Zijn bekendste werk is *On Liberty*, waarin hij het schadebeginsel uiteenzet.

Nicolaï, Atzo – Tweede Kamerlid voor de VVD in de perioden 1998-2002 en 2006-2011. Van 2003 tot 2006 staatssecretaris van Buitenlandse Zaken en kort minister van Binnenlandse Zaken.

Nieuwenhuis, Ferdinand Domela – Leider van de revolutionair-socialisten aan het eind van de negentiende eeuw. Was van 1888 tot 1891 Tweede Kamerlid voor de Sociaal Democratische Bond.

Nispen tot Sevenaer, Octaaf van – Rooms-katholiek Tweede Kamerlid van 1901-1915.

O'Reilly, Bill – Amerikaans presentator van het naar hem genoemde conservatieve opinieprogramma *The O'Reilly Factor*.

Regout, Robert – Minister van Justitie van 1910 tot 1913 van rooms-katholieken huize. Eerder ook Tweede Kamerlid.

Reve, Gerard (van het) – Nederlands schrijver. Schreef zeer openlijk over zijn homoseksualiteit en werd in 1966 aangeklaagd vanwege godslastering, waarvan hij werd vrijgesproken.

Roessingh, Petrus Hendrik – Tweede Kamerlid voor de Liberale Unie van 1891-1913.

Roosevelt, Theodore – President van de Verenigde Staten van 1901 tot 1909.

Rouvoet, André – Tweede Kamerlid voor de RPF en later ChristenUnie tussen 1994 en 2007. Tussen 2007-2010 minister van Jeugd en Gezin.

Savornin Lohman, Alexander Frederik de – Invloedrijk politicus en voorman van de CHU. In de periode 1879-1921 was hij Tweede Kamerlid, Eerste Kamerlid en minister van Binnenlandse Zaken.

Simonis, Ad – Nederlands kardinaal, de hoogste functie onder de paus in de katholieke kerk in Nederland van 1985 tot 2007.

Sorgdrager, Winnie – Namens D66 minister van Justitie tijdens het kabinet-Paars I, 1994-1998.

Thomas, Cal – Amerikaans conservatief presentator en columnist.

Thorbecke, Johan Rudolph – Liberale staatsman en grondlegger van de Nederlandse parlementaire democratie. In 1848 vroeg koning Willem II uit angst voor de politieke onrust in de rest van Europa aan Thorbecke om een nieuwe grondwet te schrijven. De nieuwe grondwet vergrootte de macht van het parlement en introduceerde ministeriële verantwoordelijkheid en directe verkiezingen.

Treub, Willem – Tweede Kamerlid in de perioden 1904-1913 en 1918-1921. Werd later nog minister van Landbouw, Nijverheid en Handel en Financiën.

Troelstra, Pieter Jelles – Een van de oprichters en politiek leider van de SDAP. Was lid van de Tweede Kamer en fractievoorzitter van 1897 tot 1925.

Tydeman, Map – Tweede Kamerlid van 1891-1916, tot 1894 voor de Liberale Unie, vanaf 1906 voor de Bond van Vrije Liberalen.

Uyl, Joop den – Minister-president van 1973-1977 en van 1966-1986 politiek leider van de PvdA. Was eerder minister van Economische Zaken, Sociale Zaken en Werkgelegenheid. Was tot 1987 ook tussen de ministerschappen door lid van de Tweede Kamer.

Vlies, Bas van der – Tweede Kamerlid voor de SGP van 1981-2010, sinds 1986 als fractievoorzitter en politiek leider.

Weekers, Frans – Tweede Kamerlid voor de VVD van 1998-2010. Later staatssecretaris van Financiën in het kabinet-Rutte 2010-2012.
Wiegman-van Meppelen Scheppink, Esmé – Kamerlid voor de ChristenUnie vanaf 2007.
Wilde, Oscar – Brits toneelschrijver en dichter, in 1895 vervolgd wegens homoseksualiteit.
Wilders, Geert – Tweede Kamerlid sinds 1998, met korte onderbreking in 2002, tot 2004 voor de VVD en sinds 2006 als fractievoorzitter en politiek leider van de PVV.
Wolkers, Jan – Nederlands schrijver, bekend vanwege onder meer *Turks fruit*, waarin seksualiteit een belangrijke rol speelt.

Zalm, Gerrit – Minister van Financiën van 1994-2002 tijdens Paars I en II en daarna van 2003-2007 in de kabinetten-Balkenende II en III. Van 2002-2003 was hij politiek leider en fractievoorzitter van de VVD in de Tweede Kamer.
Zola, Émile – Frans schrijver uit de negentiende eeuw.

Lijst van genoemde politieke partijen

Anti-Revolutionaire Partij (ARP) – Opgericht in 1879 door gereformeerde protestanten die zich tegen de ideeën van de Franse Revolutie keerden. Niet de mens, maar God is de bron van het overheidsgezag. Deze partij van de 'kleine luyden' (middenstanders, boeren, arbeiders) ging in 1980 op in het CDA.

Bond van Vrije Liberalen – Opgericht in 1906 door liberalen die de progressieve Liberale Unie hadden verlaten. Over het algemeen conservatiever dan de andere liberale en vrijzinnige partijen. Ging na de Tweede Wereldoorlog over in de VVD.

Christelijk-Historische Unie (CHU) – Ontstond in 1908 door het samengaan van de Christelijk-Historische Partij en de Friese Bond van Christelijk-historischen. Vergeleken met de ARP een partij voor de wat 'welgesteldere' hervormde burgers. Ging in 1980 op in het CDA.

Christen-Democratisch Appèl (CDA) – Opgericht in 1973 als een federatie van ARP, CHU en KVP, tot de partijen in 1980 definitief fuseerden.

ChristenUnie (CU) – Opgericht in 2000 als een samenwerkingsverband tussen GPV en RPF.

Communistische Partij Holland (CPH) – Sinds 1919 de naam van de in 1909 opgerichte Sociaal-Democratische Partij (SDP). Wijzigde in 1935 haar naam in Communistische Partij Nederland (CPN). Ging in 1989 op in Groen-Links.

Democraten 1966 (D66) – In 1966 opgericht door onder anderen Hans van Mierlo. Wordt over het algemeen gezien als de opvolger van de Vrijzinnig Democratische Bond.

Gereformeerd Politiek Verbond (GPV) – Opgericht in 1948. Ging in 2000 op in de ChristenUnie.

GroenLinks (GL) – Deed in 1989 voor de eerste keer mee aan de verkiezingen als fusie van de Communistische Partij Nederland (CPN), de Evangelische Volkspartij (EVP), de Politieke Partij Radikalen (PPR) en de Pacifistisch-Socialistische Partij (PSP).

Katholieke Volkspartij (KVP) – In 1945 gestart als opvolger van de vooroorlogse RKSP. Ging in 1980 op in het CDA.

Liberale Unie – In 1885 opgericht als een unie van liberale kiesverenigingen. Nadat in 1894 een conservatieve vleugel zich afscheidde, gold de partij als gematigd vooruitstrevend. Ging in 1921 samen met enkele andere partijen op in de Vrijheidsbond, die later de Liberale Staatspartij zou heten. Ging na de Tweede Wereldoorlog over in de VVD.

Lijst Pim Fortuyn (LPF) – Opgericht in 2002 door Pim Fortuyn. Kwam met grote winst in 2002 in de Kamer en verdween in 2006 weer.

Pacifistische Socialistische Partij (PSP) – Opgericht in 1959 als partij voor pacifisme en arbeidersbestuur. Ging in 1989 op in GroenLinks.

Partij van de Arbeid (PvdA) – Opgericht in 1946 als een voortzetting van de vooroorlogse Sociaal-Democratische Arbeiders Partij (SDAP). Ook delen van onder meer de Vrijzinnig Democratische Bond (VDB) gingen hierin formeel op.

Partij voor de Vrijheid (PVV) – Kwam in 2006 in de Kamer, opgericht door Geert Wilders, die eerder uit de VVD-fractie was gestapt.

Politieke Partij Radicalen (PPR) – Opgericht in 1968 als afsplitsing van de KVP. Progressieve partij die in 1989 opging in GroenLinks.

Reformatorische Politieke Federatie (RPF) – Orthodox-protestantse politieke partij. Opgericht in 1975 uit onvrede over de fusiebesprekingen van het CDA. Ging in 2000 op in de ChristenUnie.

Rooms-katholieke Staatspartij (RKSP) – Opgericht in 1926. Was een voortvloeisel van de Algemeene Bond van Rooms Katholieke-kiesverenigingen die al in 1918 bestond. Ging na de oorlog over in de KVP, die in 1980 opging in het CDA.

Sociaal-Democratische Arbeiders Partij (SDAP) – In 1894 opgericht als een partij die langs democratische weg een socialistische staat wilde bereiken. Ging in 1946 op in de PvdA.

Socialistische Partij (SP) – Kwam in 1994 onder leiding van Jan Marijnissen voor het eerst in de Tweede Kamer. Beweegt zich links van de PvdA.

Staatkundig Gereformeerde Partij (SGP) – Orthodox-protestantse partij, opgericht in 1918. Sociaaleconomisch conservatiever dan ChristenUnie. Enige politieke partij in het parlement die principieel geen vrouwen op de kieslijst zet.

Volkspartij voor Vrijheid en Democratie (VVD) – Opgericht in 1948 als voortzetting van de Partij van de Vrijheid, de Liberale Unie en delen van de Vrijzinnig Democratische Bond.

Vrijzinnig Democratische Bond (VDB) – Sociaalliberale partij opgericht in 1901. Ging in 1946 deels op in de PvdA. D66 wordt gezien als de wederopstanding van de VDB.